# 搜神记 原文

[晋] 干宝 著　胡怀琛 点校

河南文艺出版社
·郑州·

◎ 出版说明

1. 作家榜版《搜神记》原文采用清乾隆年间《四库全书》本二十卷，据民国诗人、作家、文史学者胡怀琛（1886—1938）标点修订。

2. 本书注释包含生僻字注音及尾注，相关内容由编者参考文献典籍整理。因学力所限，不妥和疏漏之处在所难免，敬祈读者方家批评指正。

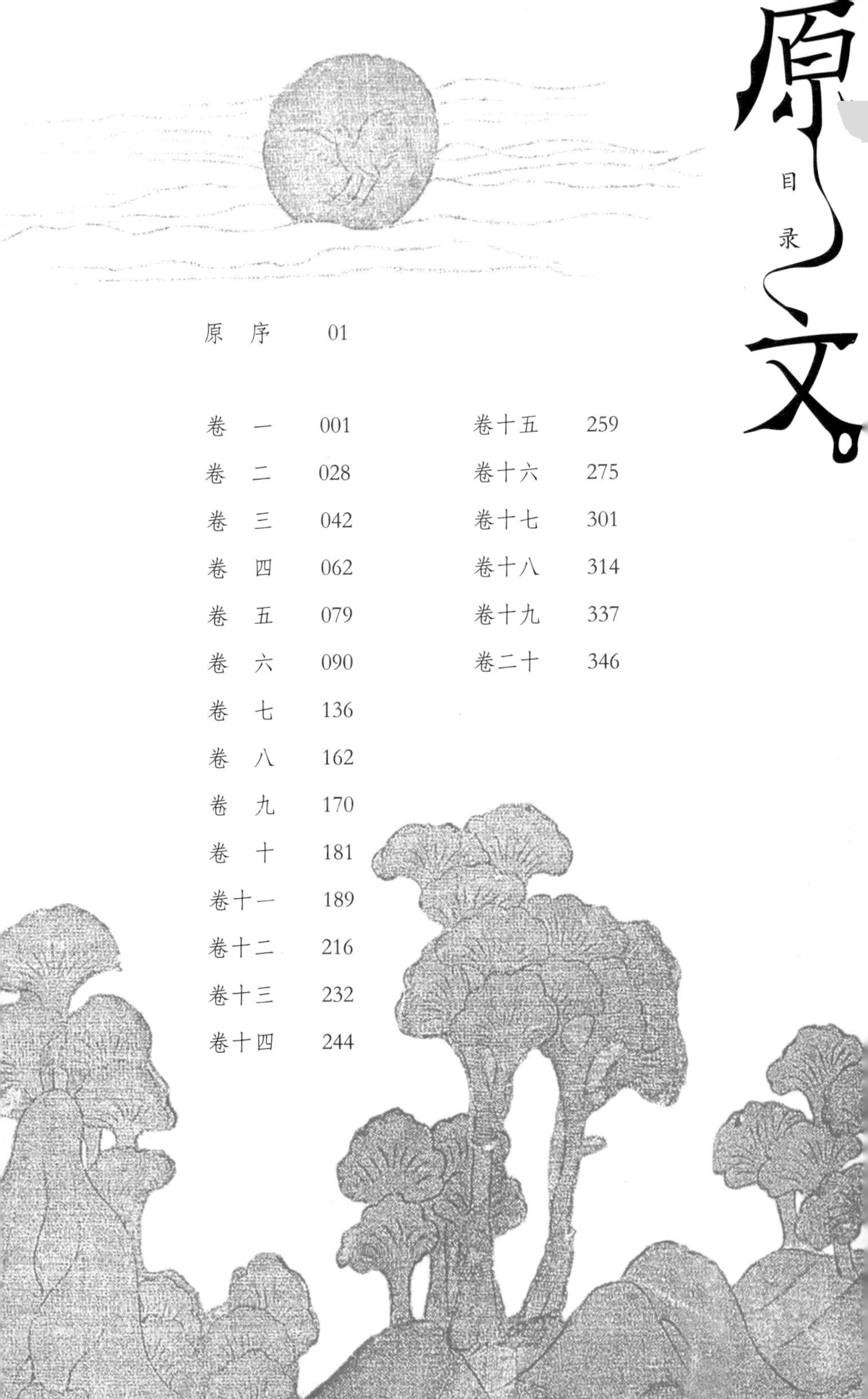

# 原文

目录

# 原序

虽考先志于载籍，收遗逸于当时，盖非一耳一目之所亲闻睹也，又安敢谓无失实者哉！卫朔失国，二传互其所闻[1]。吕望事周，子长存其两说[2]。若此比类，往往有焉。从此观之，闻见之难，由来尚矣。

夫书赴告之定辞，据国史之方册，犹尚若此，况仰述千载之前，记殊俗之表，缀片言于残阙，访行事于故老，将使事不二迹，言无异途，然后为信者，固亦前史之所病。然而国家不废注记之官[3]，学士不绝诵览之业，岂不以其所失者小，所存者大乎？

今之所集，设有承于前载者，则非余之罪也。若使采访近世之事，苟有虚错，愿与先贤前儒，分其讥谤。及其著述，亦足以发明神道之不诬也。群言百家，不可胜览，耳目所受，不可胜载，亦粗取足以演八略之旨[4]，成其微说而已。幸将来好事之士，录其根体，有以游心，寓目，而无尤焉。

1. “卫朔失国”二句:《春秋·桓公十六年》中有“十有一月，卫侯朔出奔齐”。《公羊传》云:“卫侯朔何以名？绝。曷为绝之？得罪于天子也。”春秋左丘明《左传》云:“十一月，左公子泄、右公子职立公子黔(qián)牟。惠公奔齐。”按:《公羊传》及《左传》皆对“卫侯朔奔齐”做了注解，但不相同，故干宝云“二传互其所闻”。

2. “吕望事周”二句:《史记·齐太公世家第二》中记载有吕望事周的两种说法。一说是，西伯出猎，遇太公于渭水之阳，同归，以望为太师；一说是，吕望曾事纣，纣无道而去，游说诸侯而无所遇,遂归西伯。第二种说法还有一个版本,即吕望本为隐士，西伯闻其贤而招致，故云:“子长存其两说。”司马迁，字子长。

3. 注记之官:指记录、编写史事的官员。注记，记录、记载。

4. 八略之旨:日本小南一郎《〈搜神记〉的结构》:“这里所说的‘八略’,大致可以推断原本《搜神记》三十卷是八类文章所构成，这八类文章又在开头部分安排了说明该篇的议论文字。”按:略，可作目录的一种，如南宋郑樵《通志》有二十略，艺文略即其一种。按此说法，小南一郎的解释似可信。八略，即八类文章。

搜神记
卷一

◎

神农[1]以赭(zhě)鞭[2]鞭百草，尽知其平毒寒温之性，臭(xiù)味所主，以播百谷。

故天下号神农也。

1. 神农：传说中的上古帝王，教民为耒耜，务农业，故称神农氏。
2. 赭鞭：赭，红土或赤褐色。相传神农用赭土粉将鞭子染色后判断百草药性。

◎

赤松子者，神农时雨师也，服冰玉散[1]，以教神农，能入火不烧。

至昆仑山，常入西王母石室中，随风雨上下。炎帝少女追之，亦得仙，俱去。

至高辛[2]时，复为雨师，游人间。今之雨师本是焉。

1. 冰玉散：一种传说中的仙药，人吃后可以长生不老。
2. 高辛：即帝喾(kù)，传说中古代帝王，黄帝曾孙。

◎

赤将子轝(yú)者，黄帝[1]时人也。

不食五谷，而啖(dàn)百草华[2]。至尧时，为木工。能随风雨上下。时于市门中卖缴(zhuó)[3]，故亦谓之缴父。

1. 黄帝：传说中的上古帝王，被尊为中华民族的共同始祖。
2. 华：同“花”。
3. 缴：箭上所系的生丝绳。

◎

宁封子，黄帝时人也。

世传为黄帝陶正[1]，有异人过之，为其掌火，能出五色烟。久则以教封子，封子积火自烧，而随烟气上下。视其灰烬，犹有其骨。

时人共葬之宁北山中，故谓之宁封子。

1. 陶正：黄帝时期管理陶器制造的人员。

◎

偓佺（wò quán）者，槐山采药父也。

好食松实。形体生毛，长七寸。两目更方。能飞行逐走马。

以松子遗尧，尧不暇服。松者，简松也。时受服者，皆三百岁。

◎

彭祖者，殷时大夫也。

姓钱，名铿（kēng）。帝颛顼（zhuān xū）[1]之孙，陆终氏之中子[2]。历夏而至商末，号七百岁。常食桂芝。

历阳有彭祖仙室。前世云：祷请风雨，莫不辄应。常有两虎在祠左右。今日祠之讫[3]，地则有两虎迹。

1. 颛顼：传说中的上古帝王，黄帝之孙，昌意之子。
2. 中子：排行居中的儿子。
3. 讫：止，这里指消失。

◎

师门者，啸父[1]弟子也。能使火。食桃葩(pā)[2]。

为孔甲[3]龙师。孔甲不能修其心意，杀而埋之外野。一旦，风雨迎之，山木皆燔(fán)[4]。

孔甲祠而祷之，未还而死。

1. 啸父：传说中仙人名，曾在西周的市集以替人补鞋为生，数十年不为人知。因其容颜不改，好事之人登门求不老之术。事见汉刘向《列仙传》。
2. 葩：花。
3. 孔甲：夏朝君主，汉司马迁说其“好方鬼神，事淫乱”，同时记录其养龙之事，见汉司马迁《史记·夏本纪》。
4. 燔：焚烧。

◎

前周[1]葛由，蜀羌人也。

周成王[2]时，好刻木作羊卖之。一旦，乘木羊入蜀中，蜀中王侯贵人追之，上绥山。绥山多桃，在峨眉山西南，高无极也。随之者不复还，皆得仙道。

故里谚曰：“得绥山一桃，虽不能仙，亦足以豪。”山下立祠数十处。

1. 前周：即指西周。自武王伐纣，建国号为周，定都于镐（hào），至周幽王被犬戎杀死，共计 275 年。
2. 周成王：周武王之子，名诵，西周第二位君主。

◎

崔文子者，泰山人也，学仙于王子乔[1]。

子乔化为白霓（ní）[2]，而持药与文子。文子惊怪，引戈击霓，中之，因堕其药。俯而视之，王子乔之尸也。置之室中，覆以敝筐。

须臾，化为大鸟。开而视之，翻然飞去。

1. 王子乔：姬晋，东周灵王之子。今山西太原有“子乔祠”。
2. 霓：虹的外圈，又称副虹。

◎

冠先，宋人也，钓鱼为业。居睢(suī)水[1]旁百余年，得鱼，或放，或卖，或自食之。常冠带，好种荔[2]，食其葩实焉。

宋景公问其道，不告，即杀之。

后数十年，踞宋城门上鼓琴，数十日乃去。宋人家家奉祠之。

1. 睢(suī)水：今称濉河，淮河支流。由于水文变化，如今濉河的河道与睢水已有很大的出入。
2. 荔：即薜荔，一种香草，果实可做凉粉，叶可入药。

◎

琴高，赵人也，能鼓琴，为宋康王[1]舍人。行涓彭之术[2]，浮游冀州、涿(zhuō)郡间二百余年。

后辞入涿水[3]中，取龙子，与诸弟子期之。曰：“明日皆洁斋，候于水旁，设祠屋。”

果乘赤鲤鱼出，来坐祠中。且有万人观之。留一月，乃复入水去。

1. 宋康王：名偃，战国时宋国最后一任国君。他凭借武力取得宋国君主之位，在位期间东败齐，南败楚，使宋成为强国。然而对内残暴，被诸侯讥为“桀宋”。事见《史记·宋世家》。

2. 涓彭之术：即长生不老之术。涓即涓子，彭即彭祖，二人皆长生不死。
3. 涿水：又称桃水，今河北涿州北拒马河。

◎

陶安公者，六安[1]铸冶师也。数行火。火一朝散上，紫色冲天。公伏冶下求哀。

须臾，朱雀[2]止冶上，曰：“安公！安公！冶与天通。七月七日，迎汝以赤龙。”

至时，安公骑之，从东南去。城邑数万人，豫[3]祖[4]安送之，皆辞诀。

1. 六安：郡国名，汉武帝元狩二年（公元前121年），淮南王、衡山王之乱后，取其部分领地设六安国。
2. 朱雀：古代传说中的祥瑞动物。
3. 豫：同“预”，预先，事先。
4. 祖：出行时祭祀路神，可引申为饯行。

◎

有人入焦山[1]七年，老君与之木钻，使穿一盘石，石厚五尺，曰："此石穿，当得道。"

积四十年，石穿，遂得神仙丹诀。

1. 焦山：在今江苏镇江，是长江中四面环水的一座岛屿，远观如江中浮玉，又名浮玉山。东汉焦光曾隐于此，三次拒召出山做官。焦光在山中采药炼丹，治病救人，百姓为纪念他于是称此山为"焦山"。

◎

鲁少千者，山阳[1]人也。

汉文帝尝微服怀金过之，欲问其道。少千拄金杖，执象牙扇，出应门。

1. 山阳：县名。汉置，故城在今河南修武县。

◎

淮南王安[1]，好道术，设厨宰[2]以候宾客。

正月上午，有八老公诣门求见。门吏白王，王使吏自以意难之，曰："吾王好长生，先生无驻衰之术，未敢以闻。"公知不见，乃更形为八童子，色如桃花。

王便见之，盛礼设乐，以享八公。

援琴而弦歌曰：

明明上天，照四海兮。
知我好道，公来下兮。
公将与余，生羽毛兮。
升腾青云，蹈梁甫兮。
观见三光，遇北斗兮。
驱乘风云，使玉女兮。

今所谓《淮南操》是也。

1. 淮南王安：即刘安，汉高祖刘邦之孙，好读书，才思敏捷。他曾被封为阜陵侯和淮南王，并暗中策划谋反，被人告发后自杀。又主持编写《淮南子》，又称《淮南鸿烈》。事见东汉班固《汉书·淮南衡山济北王传》。
2. 厨宰：专司膳食的小官。

◎

刘根，字君安，京兆长安[1]人也。

汉成帝时，入嵩山学道。遇异人授以秘诀，遂得仙，能召鬼。颍川[2]太守史祈以为妖，遣人召根，欲戮之。至府，语曰：“君能使人见鬼，可使形见。不者，加戮。”根曰：“甚易！借府君前笔砚书符。”因以叩几。

须臾，忽见五六鬼，缚二囚于祈前。祈熟视[3]，乃父母也。向根叩头曰：“小儿无状，分当万死。”叱祈曰：“汝子孙不能光荣先祖，何得罪神仙，乃累亲如此。”祈哀惊悲泣，顿首请罪。

根默然忽去，不知所之。

1. 京兆长安：京兆，汉代京畿行政区域，在今陕西西安以东至华州区之间。长安，古都城名，汉高祖七年定都于此。
2. 颍川：古郡名。秦置，汉时治所在今河南禹州。晋时移治今河南许昌一带。
3. 熟视：仔细地看。

◎

汉明帝时，尚书郎河东王乔为邺(yè)[1]令[2]。

乔有神术，每月朔[3]，尝自县诣台[4]。帝怪其来数，而不见车骑，密令太史候望之。言其临至时，辄有双凫（fú），从东南飞来。

因伏伺，见凫，举罗张之，但得一双舄（xì）[5]。使尚书识视，四年中所赐尚书官属履也。

1. 邺：古地名，在今河北临漳县西南。
2. 令：县令。
3. 朔：即农历的每月初一。
4. 台：汉代以尚书为中台，文中指尚书官署。
5. 舄：鞋子。

◎

蓟（jì）子训，不知所从来。

东汉时，到洛阳见公卿数十处，皆持斗酒片脯候之。曰："远来无所有，示致微意。"坐上数百人，饮啖终日不尽。去后皆见白云起，从旦至暮。

时有百岁公说："小儿时见训卖药会稽（kuài jī）[1]市，颜色如此。训不乐住洛，遂遁去。"

正始[2]中，有人于长安东霸城，见与一老公共摩挲铜人，相谓曰："适见铸此，已近五百岁矣。"

见者呼之曰：“蓟先生小住。”并行应之。视若迟徐，而走马不及。

1. 会稽：古郡名。秦置，治所在今江苏苏州。
2. 正始：三国魏帝曹芳年号，公元240—249年。

◎

汉阴生者，长安渭桥下乞小儿也。

常于市中丐，市中厌苦，以粪洒之。旋复在市中乞，衣不见污如故。长吏知之，械收系[1]，着桎梏（zhì gù），而续在市乞。又械欲杀之，乃去。

洒之者家，屋室自坏，杀十数人。长安中谣言曰：“见乞儿，与美酒，以免破屋之咎。”

1. 收系：抓捕收押。

◎

谷城[1]乡平常生，不知何所人也。数死而复生。时人为不然。

后大水出，所害非一，而平辄在缺门山[2]上大呼言：平常生在此。云复雨，水五日必止。止，则上山求祠之。但见平衣杖革带。

后数十年，复为华阴市门卒。

1. 谷城：南朝宋范晔《后汉书·郡国志》："谷城，春秋时小谷。"唐李贤引杜预《左传》注曰："城中有管仲井，城东北有周首亭。"
2. 缺门山：山名，又名"铁门山"，在今河南洛阳新安西，有龙凤二山相对，涧水中流，故而得名。

◎

左慈，字元放，庐江[1]人也，少有神通。

尝在曹公座，公笑顾众宾曰："今日高会，珍羞略备。所少者，吴松江鲈鱼为脍[2]。"放曰："此易得耳。"因求铜盘贮水，以竹竿饵钓于盘中，须臾，引一鲈鱼出。公大拊掌，会者皆惊。公曰："一鱼不周[3]坐客，得两为佳。"放乃复饵钓之。须臾，引出，皆三尺余，生鲜可爱。公便自前脍之，周赐座席。

公曰:“今既得鲈，恨无蜀中生姜耳。”放曰:“亦可得也。”公恐其近道买，因曰:“吾昔使人至蜀买锦，可敕人告吾使，使增市二端。”人去，须臾还，得生姜。又云:“于锦肆下见公使，已敕增市二端。”后经岁余，公使还，果增二端。问之，云:“昔某月某日，见人于肆下，以公敕敕之。”

后公出近郊，士人从者百数，放乃赍（jī）[4]酒一罂（yīng）[5]，脯一片，手自倾罂，行酒百官，百官莫不醉饱。公怪，使寻其故。行视沽酒家，昨悉亡其酒脯矣。

公怒，阴欲杀放。放在公座，将收之，却入壁中，霍然不见。乃募取之。或见于市，欲捕之，而市人皆放同形，莫知谁是。后人遇放于阳城山头，因复逐之。遂走入羊群。公知不可得，乃令就羊中告之，曰:“曹公不复相杀，本试君术耳。今既验，但欲与相见。”

忽有一老羝（dī）[6]，屈前两膝，人立而言曰:“遽如许。”人即云:“此羊是。”竟往赴之。而群羊数百，皆变为羝，并屈前膝，人立，云:“遽如许。”于是遂莫知所取焉。

老子曰:“吾之所以为大患者，以吾有身也，及吾无身，吾有何患哉。”若老子之俦，可谓能无身矣。岂不远哉也。

1. 庐江:古郡名。楚汉之际置郡，汉时治所在今安徽庐江西南。

2. 脍:切得细薄的肉。

3. 周:周到，周全。文中可以引申为足、够的意思。

4. 赍：持，带。
5. 罂：古代的一种酒器，大腹小口。
6. 羝：公羊。

◎

孙策欲渡江袭许[1]，与于吉俱行。时大旱，所在熇(hè)[2]厉。策催诸将士，使速引船，或身自早出督切，见将吏多在吉许。

策因此激怒，言："我为不如吉耶？而先趋附之。"便使收吉至，呵问之曰："天旱不雨，道路艰涩，不时得过，故自早出，而卿不同忧戚，安坐船中，作鬼物态，败吾部伍。今当相除。"令人缚置地上暴[3]之，使请雨。若能感天，日中雨者，当原赦；不尔，行诛。

俄而云气上蒸，肤寸而合[4]，比至日中，大雨总至，溪涧盈溢。将士喜悦，以为吉必见原，并往庆慰。策遂杀之。将士哀惜，藏其尸。天夜，忽更兴云覆之。明旦往视，不知所在。

策既杀吉，每独坐，仿佛见吉在左右。意深恶之，颇有失常。后治疮方差(chài)[5]，而引镜自照，见吉在镜中，顾而弗见。如是再三。扑镜大叫，疮皆崩裂，须臾而死。（吉，琅琊人，道士。）

1. 许：古县名，源于上古帝尧时代。三国魏建都于许县。魏文帝以“汉亡于许，魏昌于许”而改许为许昌。

2. 熇：火热，炽热。

3. 暴：同“曝”，晒。

4. 肤寸而合：文中指云气一点一点积聚起来，形成云雨。肤、寸皆为长度单位，一指宽为一寸，四寸为一肤。典出《公羊传·僖(xī)公三十一年》：“触石而出，肤寸而合，不崇朝而遍雨乎天下者，唯泰山尔。”

5. 差：通“瘥(chài)”，指病好了。

◎

介琰(yǎn)者，不知何许人也。住建安[1]方山，从其师白羊公杜受玄一无为之道，能变化隐形。

尝往来东海，暂过秣(mò)陵[2]，与吴主相闻。吴主留琰，乃为琰架宫庙，一日之中，数遣人往问起居。琰或为童子，或为老翁，无所食啖，不受饷遗。

吴主欲学其术，琰以吴主多内御，积月不教。吴主怒，敕缚琰，着甲士引弩射之。弩发，而绳缚犹存，不知琰之所之。

1. 建安：古县名。东汉置，旧城即今福建建瓯老城东半部。

2. 秣陵：古地名，在今江苏南京。

◎

吴时有徐光者，尝行术于市里。从人乞瓜，其主勿与，便从索瓣[1]，杖地种之。俄而瓜生蔓延，生花成实，乃取食之，因赐观者。鬻(yù)[2]者反视所出卖，皆亡耗矣。

凡言水旱甚验。

过大将军孙綝(shēn)[3]门，褰(qiān)[4]衣而趋，左右唾践。或问其故。答曰：“流血臭腥不可耐。”綝闻，恶而杀之。斩其首，无血。

及綝废幼帝，更立景帝，将拜陵，上车，有大风荡綝车，车为之倾。见光在松树上拊手指挥，嗤笑之。綝问侍从，皆无见者。俄而景帝诛綝。

1. 瓣：指瓜中的种子。
2. 鬻：卖。
3. 孙綝：字子通，吴郡富春（今浙江杭州）人，与孙峻同祖父，二人皆是三国时期吴国宗亲。孙峻死后，孙綝负责军事代理朝政。孙綝无功于外，反而诛杀名将。后其与吴主孙亮立孙休为景帝。景帝又与张布谋诛孙綝，孙綝死时年二十八。
4. 褰：提起。

◎

葛玄，字孝先，从左元放受《九丹液仙经》[1]。

与客对食，言及变化之事。客曰："事毕，先生作一事特戏者。"玄曰："君得无即欲有所见乎？"乃嗽口中饭，尽变大蜂数百，皆集客身，亦不螫(shì)[2]人。久之，玄乃张口，蜂皆飞入，玄嚼食之，是故饭也。

又指虾蟆及诸行虫燕雀之属使舞，应节如人。冬为客设生瓜枣，夏致冰雪。又以数十钱使人散投井中，玄以一器于井上呼之，钱一一飞从井出。为客设酒，无人传杯，杯自至前，如或不尽，杯不去也。

尝与吴主坐楼上，见作请雨土人。帝曰："百姓思雨，宁可得乎？"玄曰："雨易得耳！"乃书符着社中，顷刻间，天地晦冥，大雨流淹。帝曰："水中有鱼乎？"玄复书符掷水中，须臾，有大鱼数百头。使人治之。

1.《九丹液仙经》：道教经书，今已佚。《抱朴子·内篇·金丹》："昔左元放于天柱山中精思，而神人授之金丹仙经。会汉末乱，不遑合作，而避地来渡江东，志欲投名山以修斯道。余从祖仙公，又从元放受之。凡受《太清丹经》三卷及《九鼎丹经》一卷、《金液丹经》一卷。"

2. 螫：毒虫刺蜇或毒蛇咬。

◎

吴猛，濮(pú)阳[1]人。仕吴，为西安令，因家分宁。性至孝。遇至人[2]丁义，授以神方；又得秘法神符，道术大行。

尝见大风，书符掷屋上，有青乌衔去，风即止。或问其故，曰："南湖有舟，遇此风，道士求救。"验之果然。

西安令于庆死，已三日，猛曰："数[3]未尽，当诉之于天。"遂卧尸旁。数日，与令俱起。

后将弟子回豫章[4]，江水大急，人不得渡。猛乃以手中白羽扇画江水，横流，遂成陆路，徐行而过。过讫，水复。观者骇异。

尝守浔阳[5]，参军周家有狂风暴起，猛即书符掷屋上，须臾风静。

1. 濮阳：古郡，国名，西晋改东郡置国，治所在今河南濮阳县西南。西晋末改郡。
2. 至人：指道家超凡脱俗、达到无我之境的人。《庄子·逍遥游》："故曰：'至人无己，神人无功，圣人无名。'"
3. 数：命数。
4. 豫章：古郡名，西汉置，治所在今江西南昌。
5. 浔阳：古地名，在今江西九江一带。

◎

园客者，济阴[1]人也。貌美，邑人多欲妻之，客终不娶。

尝种五色香草，积数十年，服食其实。忽有五色神蛾，止香草之上，客收而荐[2]之以布，生桑蚕焉。至蚕时，有神女夜至，助客养蚕，亦以香草食蚕。

得茧百二十头，大如瓮，每一茧缫(sāo)[3]六七日乃尽。缫讫，女与客俱仙去，莫知所如。

1. 济阴：古郡，国名。汉景帝分梁国置国，后改为郡，治所在今山东定陶西北。
2. 荐：草席、草垫。此处活用作动词，垫、铺上。
3. 缫：即缫丝。

◎

汉董永，千乘(shèng)[1]人。少偏孤，与父居，肆[2]力田亩，鹿车[3]载自随。

父亡，无以葬，乃自卖为奴，以供丧事。主人知其贤，与钱一万，遣之。永行三年丧毕，欲还主人，供其奴职。道逢一妇人曰："愿为子妻。"遂与之俱。

主人谓永曰："以钱与君矣。"永曰："蒙君之惠，父丧收藏[4]，永虽小人，必欲服勤致力，以报厚德。”主曰：“妇人何能？”永曰：“能织。”主曰：“必尔者，但令君妇为我织缣(jiān)百匹。”

于是永妻为主人家织，十日而毕。女出门，谓永曰：“我，天之织女也。缘君至孝，天帝令我助君偿债耳。”语毕，凌空而去，不知所在。

1. 千乘：古地名，在今山东东营。
2. 肆：尽，极。
3. 鹿车：指古代的一种小车，容载量很小，仅能容下一头小鹿。
4. 藏：通“葬”，埋葬。

◎

初，钩弋(yì)夫人[1]有罪，以谴死。既殡，尸不臭，而香闻十余里。因葬云陵。上哀悼之，又疑其非常人，乃发冢开视，棺空无尸，惟双履存。

一云，昭帝即位，改葬之，棺空无尸，独丝履存焉。

1. 钩弋夫人：姓赵，河间（今河北献县东）人，汉武帝刘彻的妃子，汉昭帝刘弗陵的生母。汉武帝听闻河间有一奇女子，召见后发现她双手紧握成拳，武帝轻轻一掰即开，因此得宠，被称为拳夫人，又因居钩弋宫而称钩弋夫人。她怀孕十四个月后生下刘弗陵，武帝大喜，将钩弋宫门命名为尧母门。钩弋夫人在去世后被汉昭帝追封为太后。事见《汉书·外戚传》。

◎

汉时有杜兰香者，自称南康[1]人氏。以建兴[2]四年春，数诣张传。传年十七，望见其车在门外，婢通言："阿母所生，遗授配君，可不敬从？"

传，先名改硕，硕呼女前，视，可十六七，说事邈然久远。有婢子二人：大者萱支，小者松支。钿车青牛上，饮食皆备。作诗曰：

阿母处灵岳，时游云霄际。
众女侍羽仪，不出墉宫外。
飘轮送我来，岂复耻尘秽。
从我与福俱，嫌我与祸会。

至其年八月旦，复来，作诗曰：

逍遥云汉间，呼吸发九嶷[3]。

流汝不稽路，弱水何不之。

出薯蓣[4]子三枚，大如鸡子[5]，云："食此，令君不畏风波，辟寒温。"硕食二枚，欲留一，不肯，令硕食尽。言："本为君作妻，情无旷远，以年命未合，其小乖[6]。大岁[7]东方卯，当还求君。"兰香降时，硕问祷祀何如。香曰："消魔自可愈疾，淫[8]祀无益。"香以药为消魔。

1. 南康：古郡名。西晋置，治所在今江西于都东北。东晋移治今江西赣州市西。
2. 建兴：蜀后主刘禅年号，公元 223—237 年。
3. 九嶷：九嶷山，在湖南永州。传说舜葬于此处，见汉司马迁《史记·五帝本纪》。
4. 薯蓣：山药。
5. 鸡子：鸡蛋。
6. 乖：违背，不协调。
7. 大岁：即太岁。
8. 淫：过分，不节制。

◎

魏济北郡从事掾(yuàn)[1]弦超，字义起。以嘉平[2]中夜独宿，梦有神女来从之。自称天上玉女，东郡[3]人，姓成公，字知琼。早失父母，天帝哀其孤苦，遣令下嫁从夫。超当其梦也，精爽感悟，嘉其美异，非常人之容，觉寤钦想，若存若亡。如此三四夕。

一旦，显然来游，驾辎軿(zī píng)[4]车，从八婢，服绫罗绮绣之衣，姿颜容体，状若飞仙。自言年七十，视之如十五六女。车上有壶、榼(kē)[5]、青白琉璃五具。食啖奇异。馔具醴酒[6]，与超共饮食。谓超曰：“我，天上玉女，见遣下嫁，故来从君，不谓君德，宿时感运，宜为夫妇。不能有益，亦不能为损。然往来常可得驾轻车，乘肥马，饮食常可得远味异膳，缯(zēng)素常可得充用不乏。然我神人，不为君生子，亦无妒忌之性，不害君婚姻之义。”遂为夫妇。赠诗一篇，其文曰：

飘飖浮勃逢，敖曹云石滋。
芝英不须润，至德与时期。
神仙岂虚感，应运来相之。
纳我荣五族，逆我致祸灾[7]。

此其诗之大较，其文二百余言，不能尽录。兼注《易》七卷，有卦，有象，以彖[8]为属。故其文言既有义理，又可以占吉凶，犹扬子之《太玄》、薛氏之《中经》也。超皆能通其旨意，用之占候。

作夫妇经七八年，父母为超娶妇之后，分日而燕，分夕而寝，夜来晨去，倏忽若飞。唯超见之，他人不见。虽居暗室，辄闻人声，常见踪迹，然不睹其形。

后人怪问，漏泄其事。玉女遂求去，云："我，神人也。虽与君交，不愿人知，而君性疏漏，我今本末已露，不复与君通接。积年交结，恩义不轻；一旦分别，岂不怆恨？势不得不尔。各自努力！"又呼侍御下酒饮啖。发簏(lù)[9]，取织成裙衫两副遗超。又赠诗一首，把臂告辞，涕泣流离，肃然升车，去若飞迅。超忧感积日，殆至委顿。

去后五年，超奉郡使至洛。到济北鱼山下，陌上西行，遥望曲道头有一马车，似知琼。驱驰至前，果是也。遂披帷相见，悲喜交切。控左援绥，同乘至洛。遂为室家，克复旧好。

至太康[10]中，犹在，但不日日往来，每于三月三日、五月五日、七月七日、九月九日、旦[11]、十五日辄下，往来经宿而去。张茂先[12]为之作《神女赋》。

1. 从事掾：官职名，州郡官员的属臣。

2. 嘉平：三国魏帝曹芳年号，公元249—254年。

3. 东郡：古郡名。秦置，治所在今河南濮阳。

4. 辎軿：四面有屏蔽的车子。

5. 榼：盛酒或贮水的器具。

6. 醴酒：美酒。醴，甜酒。

7. 灾：灾难。

8. 彖：《易经》中论卦义的文字。

9. 篚：竹子编的容器，大小不一。

10. 太康：晋武帝司马炎年号，公元 280—289 年。

11. 旦：特指农历初一。

12. 张茂先：即张华，字茂先，范阳方城县（今河北固安西南）人，晋代文学家，著有《博物志》等。

搜神记
卷二

◎

寿光侯者，汉章帝[1]时人也。能劾百鬼众魅，令自缚见形。其乡人有妇为魅所病，侯为劾之，得大蛇数丈，死于门外，妇因以安。又有大树，树有精，人止其下者死，鸟过之亦坠。侯劾之，树盛夏枯落。有大蛇，长七八丈，悬死树间。

章帝闻之，征问。对曰："有之。"帝曰："殿下有怪，夜半后，常有数人，绛衣披发，持火相随。岂能劾之？"侯曰："此小怪，易消耳。"

帝伪使三人为之。侯乃设法，三人登时仆地，无气。帝惊曰："非魅也，朕相试耳。"即使解之。

或云："汉武帝时，殿下有怪常见，朱衣，披发，相随，持烛而走。帝谓刘凭[2]曰：'卿可除此否？'凭曰：'可。'乃以青符掷之，见数鬼倾地。帝惊曰：'以相试耳。'解之而苏。"

1. 汉章帝：东汉第三位皇帝刘炟（dá），与明帝统治时期并称"明章之治"。
2. 刘凭：据五代李昉《太平广记·神仙类》记载，刘凭，沛（在今江苏徐州）人。他因军功受封寿光金乡侯。他向稷丘子学道，常服石桂英及石硫黄，擅长禁气之术，得以长生不老。

◎

樊英[1]，隐于壶山。

尝有暴风从西南起，英谓学者曰："成都市火甚盛。"因含水嗽之。乃命计其时日。

后有从蜀来者云："是日大火，有云从东起，须臾大雨，火遂灭。"

1. 樊英：字季齐，南阳鲁阳（今河南平顶山）人，东汉安帝、顺帝时期隐士，曾多次拒绝朝廷征召。

◎

闽中有徐登者，女子化为丈夫，与东阳赵昞（bǐng），并善方术。

时遭兵乱，相遇于溪，各矜其所能。登先禁溪水为不流，昞次禁杨柳为生稊（tí）[1]。二人相视而笑。登年长，昞师事之。

后登身故，昞东入长安。百姓未知，昞乃升茅屋，据鼎而爨（cuàn）[2]。主人惊怪，昞笑而不应，屋亦不损。

1. 稊：树木新生的枝芽。
2. 爨：烧火做饭。

◎

赵昞尝临水求渡，船人不许。昞乃张帷盖，坐其中，长啸呼风，乱流而济。

于是百姓敬服，从者如归。长安令恶其惑众，收杀之。

民为立祠于永康，至今蚊蜹（ruì）[1]不能入。

1. 蜹：蚊子的一种，体形比蚊虫略小。

◎

徐登、赵昞，贵尚清俭，祀神以东流水，削桑皮以为脯。

◎

陈节访诸神，东海君[1]以织成青襦（rú）[2]一领遗之。

1. 东海君：《后汉书·方术列传》记东海君奸淫葛陂夫人，被懂术法的巫医费长房拘禁三年，东海因此大旱三年。长房至东海，见人求雨，便对他们说："东海君有罪，我把他关在葛陂家，我现在让他出来行雨。”于是雨立刻下了起来。

2. 襦：短袄，短衣。

◎

宣城[1]边洪，为广阳领校[2]，母丧归家。

韩友[3]往投之，时日已暮，出告从者：“速装束，吾当夜去。”从者曰：“今日已瞑，数十里草行[4]，何急复去？”友曰：“此间血覆地，宁可复住？”苦留之，不得。

其夜，洪欻(xū)[5]发狂，绞杀两子，并杀妇。又斫(zhuó)[6]父婢二人，皆被创，因走亡。

数日，乃于宅前林中得之，已自经死。

1. 宣城：古郡名。晋武帝分丹阳郡置，治所在今安徽宣城。
2. 领校：掌管郡县军事的官员。
3. 韩友：字景先，庐江舒县（今安徽舒城）人。《晋书·列传第六十五》：“受《易》于会稽伍振，善占卜，能图宅相冢，亦行京费厌胜之术。”
4. 草行：即草行露宿。走在草里，睡在露天下。形容远行人艰苦和匆忙的情形。
5. 欻：忽然。
6. 斫：砍。

◎

鞠道龙，善为幻术。尝云："东海人黄公，善为幻，制蛇御虎。常佩赤金刀。及衰老，饮酒过度。

秦末，有白虎见于东海，诏遣黄公以赤刀往厌之。术既不行，遂为虎所杀。"

◎

谢纠尝食客，以朱书符投井中，有一双鲤鱼跳出，即命作脍。一坐皆得遍。

◎

晋永嘉[1]中，有天竺[2]胡人，来渡江南。其人有数术，能断舌复续，吐火。所在人士聚观。

将断时，先以舌吐示宾客，然后刀截，血流覆地，乃取置器中，传以示人。视之舌头，半舌犹在。既而还，取含续之。坐有顷，坐人见舌则如故，不知其实断否。

其续断，取绢布，与人合执一头，对剪，中断之。已而取两断合视，绢布还连续，无异故体。时人多疑以为幻，阴乃试之，真断绢也。

其吐火，先有药在器中，取火一片，与黍糖合之，再三吹呼，已而张口，火满口中，因就爇（ruò）[3]取以炊，则火也。

又取书纸及绳缕之属，投火中，众共视之，见其烧爇了尽；乃拨灰中，举而出之，故向物也。

1. 永嘉：晋怀帝司马炽年号，公元307—313年。
2. 天竺：西域国名。《后汉书·西域传》："天竺国一名身毒，在月氏之东南数千里。……其人弱于月氏修浮图道，不杀伐，遂以成俗。"
3. 爇：烧。

◎

扶南[1]王范寻养虎于山，有犯罪者，投与虎，不噬，乃宥之。故山名大虫，亦名大灵。

又养鳄鱼十头，若犯罪者，投与鳄鱼，不噬，乃赦之，无罪者皆不噬。故有鳄鱼池。

又尝煮水令沸，以金指环投汤中，然后以手探汤。其直者，手不烂，有罪者，入汤即焦。

1. 扶南：也称夫南、跋南，古国名，位于今柬埔寨湄公河三角洲一带。

◎

戚夫人[1]侍儿贾佩兰，后出为扶风[2]人段儒妻。说：

“在宫内时，尝以弦管歌舞相欢娱，竞为妖[3]服以趋良时。十月十五日，共入灵女庙，以豚[4]黍乐神，吹笛，击筑[5]，歌《上灵之曲》。既而相与连臂，踏地为节，歌《赤凤皇来》，乃巫俗也。

“至七月七日，临百子池，作于阗(tián)[6]乐，乐毕，以五色缕相羁，谓之相连绶。八月四日，出雕房北户，竹下围棋。胜者，终年有福；负者，终年疾病。取丝缕，就北辰星求长命，乃免。

“九月，佩茱萸，食蓬饵[7]，饮菊花酒，令人长命。菊花舒时，并采茎叶，杂黍米饷(shǔ xiǎng)[8]之，至来年九月九日始熟，就饮焉，故谓之‘菊花酒’。

“正月上辰，出池边盥濯，食蓬饵，以祓(fú)妖邪。三月上巳[9]，张乐于流水。如此终岁焉。”

1. 戚夫人：汉高祖刘邦的宠妃。刘邦死后，她被吕后囚于永巷，作《舂歌》，歌曰："子为王，母为虏。终日舂薄暮，常与死为伍。相离三千里，当谁使告女。"戚夫人后又被吕后挖眼、断手足、饮哑药，做成人彘（zhì）。事见《史记 · 吕太后本纪》。

2. 扶风：地名，两汉时属右扶风辖区，三国魏改为郡。今陕西宝鸡有扶风县。

3. 妖：妖艳，美丽。

4. 豚：小猪。

5. 筑：古代乐器，似瑟而小，有弦。《史记·高祖本纪》："高祖击筑，自为歌诗曰：'大风起兮云飞扬，威加海内兮归故乡，安得猛士兮守四方。'"

6. 于阗：古西域国名。《汉书 · 西域传上》："于阗国，王治西城，去长安九千六百七十里。户三千三百，口万九千三百，胜兵二千四百人。辅国侯、左右将、左右骑君、东西城长、驿长各一人。"

7. 蓬饵：重阳节所食的一种糕点。

8. 饷：意为用酒食款待，文中引申为酿酒。

9. 上巳：汉时定为节日，即三月的第一个巳日，魏晋之后改为三月三日。这一天人们郊游踏青，到水边洗浴清洁，以祈福消灾。《后汉书 · 礼仪上》云："是月上巳，官民皆洁于东流水上，曰洗濯祓除，去宿垢疢，为大洁。"

◎

汉武帝时，幸李夫人[1]，夫人卒后，帝思念不已。方士齐人李少翁，言能致其神。

乃夜施帷帐，明灯烛，而令帝居他帐遥望之。见美女居帐中，如李夫人之状，还幄坐而步，又不得就视。

帝愈益悲感，为作诗曰："是耶？非耶？立而望之，偏婀娜，何冉冉其来迟！"令乐府诸音家弦歌之。

1. 李夫人：汉武帝刘彻宠妃。因其兄李延年歌"北方有佳人，绝世而独立。一顾倾人城，再顾倾人国。宁不知倾城与倾国，佳人难再得"，而被汉武帝宠幸。后来李夫人病笃，汉武帝来探望时，李夫人蒙被不愿与汉武帝相见。事后，李夫人云："夫以色事人者，色衰而爱弛，爱弛则恩绝。上所以挛挛(luán)顾念我者，乃以平生容貌也。今见我毁坏，颜色非故，必畏恶吐弃我，意尚肯复追思闵录其兄弟哉！"此事见于《汉书·外戚传》。

◎

汉北海营陵[1]有道人，能令人与已死人相见。

其同郡人妇死已数年，闻而往见之，曰："愿令我一见亡妇，死不恨矣。"道人曰："卿可往见之。若闻鼓声，即出勿留。"

乃语其相见之术。

俄而得见之。于是与妇言语，悲喜恩情如生。良久，闻鼓声，悢悢[2]不能得住。当出户时，忽掩其衣裾户间，掣[3]绝而去。

至后岁余，此人身亡。家葬之，开冢，见妇棺盖下有衣裾。

1. 营陵：古县名，属北海郡。故城在今山东昌乐。
2. 悢悢：悲恨。
3. 掣：拉，拽。

◎

吴孙休[1]有疾，求觋[2]视者，得一人，欲试之。

乃杀鹅而埋于苑中，架小屋，施床几，以妇人屐履服物着其上。使觋视之。告曰："若能说此冢中鬼妇人形状者，当加厚赏，而即信矣。"

竟日无言。

帝推问之急，乃曰："实不见有鬼，但见一白头鹅立墓上，所以不即白之。疑是鬼神变化作此相，当候其真形而定。不复移易，不知何故，敢以实上。"

1. 孙休：三国时期东吴国主，孙权第六子。

2. 觋：男巫。

◎

吴孙峻[1]杀朱主[2]，埋于石子冈。

归命即位，将欲改葬之，冢墓相亚，不可识别。而宫人颇识主亡时所着衣服，乃使两巫各住一处，以伺其灵，使察鉴之，不得相近。

久时，二人俱白，见一女人，年可三十余，上着青锦束头，紫白袷[3]裳，丹绨(tí)丝履，从石子冈上。半冈而以手抑膝，长太息，小住须臾，更进一冢上便止，徘徊良久，奄然不见。

二人之言，不谋而合。于是开冢，衣服如之。

1. 孙峻：三国时期东吴权臣，与诸葛恪同为辅政大臣。诸葛恪被其设计杀害之后，孙峻独掌大权，残害皇室宗亲。

2. 朱主：三国时孙权之女孙鲁育。《三国志·吴书》有孙峻传："是岁，蜀使来聘，将军孙仪、孙邵、绑恂等欲因会杀峻。事泄，仪等自杀，死者数十人，并及公主鲁育。"

3. 袷：夹衣。

◎

夏侯弘自云见鬼，与其言语。

镇西谢尚[1]所乘马忽死，忧恼甚至。谢曰："卿若能令此马生者，卿真为见鬼也。"弘去良久，还曰："庙神乐君马，故取之。今当活。"尚对死马坐，须臾，马忽自门外走还，至马尸间，便灭，应时能动，起行。

谢曰："我无嗣，是我一身之罚。"弘经时无所告。曰："顷所见，小鬼耳，必不能辨此源由。"

后忽逢一鬼，乘新车，从十许人，着青丝布袍。弘前提牛鼻，车中人谓弘曰："何以见阻？"弘曰："欲有所问。镇西将军谢尚无儿。此君风流令望，不可使之绝祀。"

车中人动容曰："君所道正是仆儿。年少时，与家中婢通誓约不再婚，而违约。今此婢死，在天诉之，是故无儿。"弘具以告。谢曰："吾少时诚有此事。"

弘于江陵[2]，见一大鬼，提矛戟，有随从小鬼数人。弘畏惧，下路避之。大鬼过后，捉得一小鬼，问："此何物？"曰："杀人以此矛戟，若中心腹者，无不辄死。"弘曰："治此病有方否？"鬼曰："以乌鸡薄之，即差。"弘曰："今欲何行？"鬼曰："当至荆、扬二州尔。"

时比日行心腹病，无有不死者。弘乃教人杀乌鸡以薄之，十不失八九。今治中恶[3]，辄用乌鸡薄之者，弘之由也。

1. 谢尚：东晋名士，擅草书，官至镇西将军。
2. 江陵：县名，汉时置，属南郡，即今湖北江陵。
3. 中恶：中医病名，指突然的晕厥，可能导致人猝死。

搜神记
卷三

◎

汉永平[1]中，会稽钟离意，字子阿，为鲁相。

到官，出私钱万三千文，付户曹[2]孔訢(xīn)，修夫子车。身入庙，拭几席剑履。男子张伯除堂下草，土中得玉璧七枚，伯怀其一，以六枚白意。意令主簿安置几前。

孔子教授堂下床首有悬瓮，意召孔訢问："此何瓮也？"对曰："夫子瓮也。背有丹书，人莫敢发也。"意曰："夫子，圣人。所以遗瓮，欲以悬示后贤。"

因发之，中得素书，文曰："后世修吾书，董仲舒。护吾车，拭吾履，发吾笥(sì)[3]，会稽钟离意。璧有七，张伯藏其一。"

意即召问："璧有七，何藏一耶？"伯叩头出之。

1. 永平：东汉明帝刘庄年号，公元58—75年。
2. 户曹：主管祠祀、民户、农桑的官署。
3. 笥：一种盛饭或装衣物的方形竹器。

◎

段翳(yì)，字元章，广汉新都人也。习《易经》，明风角[1]。

有一生来学，积年，自谓略究要术，辞归乡里。翳为合膏药，并以简书封于筒中，告生曰："有急，发视之。"

生到葭萌[2]，与吏争度津。吏挝(zhuā)破从者头。生开筒得书，言："到葭萌，与吏斗，头破者，以此膏裹之。"

生用其言，创者即愈。

1. 风角：古代占卜的方法，以五音占四方之风而定吉凶。
2. 葭萌：古水名，今白水江流经四川葭萌县北的一段。

◎

右扶风[1]臧仲英，为侍御史[2]。

家人作食，设案，有不清尘土投污之。炊临熟，不知釜处。兵弩自行。火从箧(qiè)簏[3]中起，衣物尽烧，而箧簏故完。妇女婢使，一旦尽失其镜。数日，从堂下掷庭中，有人声言："还汝镜。"女孙年三四岁，亡之，求不知处，两三日，乃于圊(qīng)[4]中粪下啼。若此非一。

汝南许季山者，素善卜卦，卜之，曰："家当有老青狗物、内中侍御者名益喜，与共为之。诚欲绝，杀此狗，遣益喜归乡里。"

仲英从之，怪遂绝。后徙为太尉长史，迁鲁相。

1. 右扶风：官名，也指其所在辖区。汉时，将京师附近地区分由京兆尹、左冯翊、右扶风三个地方官管理。
2. 侍御史：御史的从官。
3. 箧簏：竹箱。
4. 圊：厕所。

◎

太尉[1]乔玄，字公祖，梁国人也。

初为司徒长史。五月末，于中门卧。夜半后，见东壁正白，如开门明。呼问左右，左右莫见。因起自往，手扪摸之，壁自如故。还床，复见，心大怖恐。

其友应劭[2]，适往候之，语次相告。劭曰："乡人有董彦兴者，即许季山外孙也。其探赜(zé)[3]索隐，穷神知化，虽眭(suī)孟[4]、京房[5]，无以过也。然天性褊(biǎn)狭，羞于卜筮者。间来候师王叔茂谓往迎之。"

须臾，便与俱来。公祖虚礼盛馔，下席行觞。

彦兴自陈："下土诸生，无他异分。币重言甘，诚有踧踖(cù jí)[6]。颇能别者，愿得从事。"公祖辞让再三，尔乃听之，曰："府君当有怪，白光如门明者，然不为害也。六月上旬，鸡明时，闻南家哭，即吉。到秋节，迁北行，郡以金为名。位至将军三公。”公祖曰:“怪异如此，救族不暇，何能致望于所不图?此相饶耳。”

至六月九日，未明，太尉杨秉暴薨(hōng)。七月七日，拜钜(jù)鹿太守。“钜”边有“金”。后为度辽将军，历登三事。

1. 太尉:官职名，与丞相、御史大夫并称“三公”。《史记·百官公卿表上》:“太尉，秦官，金印紫绶，掌武事。”秦汉时，太尉是全国军政最高长官。
2. 应劭:东汉学者，汉灵帝时为郎官，后为泰山太守。
3. 赜:深奥，玄妙。
4. 眭孟:即眭弘，西汉时期人，从嬴公学《春秋》。
5. 京房:《汉书》:“京房字君明，东郡顿丘人也。治《易》，事梁人焦延寿。”
6. 踧踖:恭敬不自然的样子，语出《论语·乡党》:“朝，与下大夫言，侃侃如也；与上大夫言，訚(yín)訚如也。君在，踧踖如也，与与如也。”

◎

管辂(lù)，字公明，平原人也，善《易》卜。

安平太守东莱王基，字伯舆，家数有怪，使辂筮[1]之。卦成，辂曰:“君之卦，当有贱妇人，生一男，堕地便走，入灶中死。

又床上当有一大蛇衔笔，大小共视，须臾便去。又乌来入室中，与燕共斗，燕死乌去。有此三卦。”

基大惊曰：“精义之致，乃至于此，幸为占其吉凶。”辂曰：“非有他祸，直客舍久远，魑魅罔两[2]，共为怪耳。儿生便走，非能自走，直宋无忌[3]之妖将其入灶也。大蛇衔笔者，直老书佐[4]耳。乌与燕斗者，直老铃下[5]耳。夫神明之正，非妖能害也。万物之变，非道所止也。久远之浮精，必能之定数也。今卦中见象而不见其凶，故知假托之数，非妖咎之征，自无所忧也。昔高宗之鼎，非雉所雊(gòu)[6]；太戊之阶，非桑所生[7]。然而野鸟一雊，武丁为高宗；桑榖(gǔ)暂生，太戊以兴。焉知三事不为吉祥，愿府君安身养德，从容光大，勿以神奸，污累天真。”

后卒无他，迁安南督军。

后辂乡里乃太原问辂：“君往者为王府君论怪云：‘老书佐为蛇，老铃下为乌。’此本皆人，何化之微贱乎？为见于爻象出君意乎？”

辂言：“苟非性与天道，何由背爻象而任心胸者乎？夫万物之化，无有常形；人之变异，无有定体。或大为小，或小为大，固无优劣。万物之化，一例之道也。是以夏鲧(gǔn)，天子之父，赵王如意，汉高之子，而鲧为黄能[8]，意为苍狗，斯亦至尊之位，而为黔喙之类也。况蛇者协辰巳[9]之位，乌者栖太阳之精，此乃腾黑之明象，白日之流景。如书佐、铃下，各以微躯，化为蛇乌，不亦过乎？”

1. 筮：古代用蓍草占卜。
2. 罔两：即魍魉，鬼怪。
3. 宋无忌：火怪。《博物志·卷九》："火之怪为宋无忌。"
4. 书佐：主办文书的佐吏。
5. 铃下：侍从。
6. "昔高宗之鼎"二句：按《史记·殷本纪》所记，高宗即为武丁。武丁见野鸡落在鼎耳上鸣叫，而修政行德，殷商复兴。雊，野鸡鸣叫。典出《尚书·高宗肜(róng)日》："高宗祭成汤，有飞雉升鼎耳而雊。"
7. "太戊之阶"二句：《史记·殷本纪》："亳(bó)有祥桑穀共生于朝，一暮大拱。帝太戊惧，问伊陟。伊陟曰：'臣闻妖不胜德，帝之政其有阙与？帝其修德。'太戊从之，而祥桑枯死而去。"太戊，商王，伊陟为其宰相。
8. 能：一种怪兽，见《述异记》："陆居曰熊，水居曰能。"
9. 辰巳：《论衡·言毒》云："辰为龙，巳为蛇，辰巳之位在东南。"

◎

管辂至平原，见颜超貌主[1]夭亡。颜父乃求辂延命。

辂曰："子归，觅清酒鹿脯一斤，卯日，刈[2]麦地南大桑树下，有二人围棋次，但酌酒置脯，饮尽更斟，以尽为度。若问汝，汝但拜之，勿言。必合有人救汝。"

颜依言而往，果见二人围棋，颜置脯斟酒于前。其人贪戏，但饮酒食脯，不顾。数巡，北边坐者忽见颜在，叱曰："何故在此？"颜唯拜之。

南面坐者语曰："适来饮他酒脯，宁无情乎？"北坐者曰："文书已定。"南坐者曰："借文书看之。"见超寿止可十九岁，乃取笔挑上，语曰："救汝至九十年活。"颜拜而回。

管语颜曰："大助子，且喜得增寿。北边坐人是北斗，南边坐人是南斗。南斗注生，北斗注死。凡人受胎，皆从南斗过北斗；所有祈求，皆向北斗。"

1. 主：预示。
2. 刈：割。

◎

信都令家妇女惊恐，更互疾病，使辂筮之。

辂曰："君北堂西头有两死男子：一男持矛，一男持弓箭。头在壁内，脚在壁外。持矛者主刺头，故头重痛，不得举也；持弓箭者主射胸腹，故心中悬痛，不得饮食也。昼则浮游，夜来病人，故使惊恐也。"

于是掘其室中，入地八尺，果得二棺。一棺中有矛，一棺中有角弓及箭。箭久远，木皆消烂，但有铁及角完耳。

乃徙骸骨去城二十里埋之，无复疾病。

◎

利漕[1]民郭恩，字义博，兄弟三人，皆得躄(bì)[2]疾。使辂筮其所由。

辂曰："卦中有君本墓，墓中有女鬼，非君伯母，当叔母也。昔饥荒之世，当有利其数升[3]米者，排着井中，啧啧有声，推一大石下，破其头，孤魂冤痛，自诉于天耳。"

1. 利漕：运河名，三国时期曹操使人所凿，引漳水入白沟，沟通邺都漕运。
2. 躄：同"躃"，两腿瘸。
3. 升：十合为一升，十升为一斗，十斗为一石。

◎

淳于智，字叔平，济北卢[1]人也。性深沉，有思义。少为书生，能《易》筮，善厌胜之术[2]。

高平刘柔夜卧，鼠啮其左手中指，意甚恶之。以问智。智为筮之，曰："鼠本欲杀君而不能，当为使其反死。"

乃以朱书手腕横文后三寸，为田字，可方一寸二分，使夜露手以卧。有大鼠伏死于前。

1. 卢：卢县，在今山东长清西南。
2. 厌胜之术：古代一种巫术，以法术诅咒或祈祷以压服人或物，使其生病或毙命。

◎

上党[1]鲍瑗（yuàn），家多丧病，贫苦。

淳于智卜之，曰："君居宅不利，故令君困尔。君舍东北有大桑树。君径至市，入门[2]数十步，当有一人卖新鞭者，便就买还，以悬此树。三年，当暴得财。"

瑗承言诣市，果得马鞭，悬之三年。

浚[3]井，得钱数十万，铜铁器复二万余。于是业用既展，病者亦无恙。

1. 上党：地名，在今山西长治、晋城一带。《释名》：“党，所也，在于山上，其所最高，故曰上党。”
2. 门：此处指市集入口。
3. 浚：疏通。

◎

谯（qiáo）[1]人夏侯藻，母病困，将诣智卜。忽有一狐当门向之嗥叫。

藻大愕惧，遂驰诣智。智曰：“其祸甚急。君速归，在狐嗥处，拊心啼哭，令家人惊怪，大小毕出。一人不出，啼哭勿休。然其祸仅可免也。”

藻还如其言，母亦扶病而出。家人既集，堂屋五间拉[2]然而崩。

1. 谯：古地名，今安徽亳州。
2. 拉：摧折扳断。

◎

护军张劭母病笃。

智筮之，使西出市沐猴[1]，系母臂，令傍人捶拍，恒使作声，三日放去。

劭从之，其猴出门，即为犬所咋（zé）[2]死。母病遂差。

1. 沐猴：即猕猴。
2. 咋：咬。

◎

郭璞[1]，字景纯。行至庐江，劝太守胡孟康急回南渡。康不从。璞将促装[2]去之，爱其婢，无由得，乃取小豆三斗，绕主人宅散之。

主人晨起，见赤衣人数千围其家，就视则灭。甚恶之，请璞为卦。璞曰："君家不宜畜此婢，可于东南二十里卖之，慎勿争价[3]，则此妖可除也。"

璞阴令人贱买此婢，复为投符于井中，数千赤衣人一一自投于井。主人大悦。璞携婢去，后数旬而庐江陷。

1. 郭璞：两晋时期文学家、风水学者。《晋书·列传第四十二》：“有郭公者，客居河东，精于卜筮，璞从之受业。公以《青囊中书》九卷与之，由是遂洞五行、天文、卜筮之术，禳灾转祸，通致无方，虽京房、管辂不能过也。”
2. 促装：整理行装。
3. 争价：讨价。

◎

赵固所乘马忽死，甚悲惜之，以问郭璞。

璞曰：“可遣数十人持竹竿，东行三十里，有山林陵树，便搅打之。当有一物出，急宜持归。”

于是如言，果得一物，似猿。持归，入门，见死马，跳梁走往死马头，嘘吸[1]其鼻。顷之，马即能起，奋迅嘶鸣，饮食如常，亦不复见向[2]物。

固奇之，厚加资给。

1. 嘘吸：吐气吸气。
2. 向：之前，往昔。

◎

扬州别驾[1]顾球[2]姊，生十年，便病。至年五十余，令郭璞筮，得“大过”之“升”[3]。

其辞曰：“‘大过’卦者义不嘉，冢墓枯杨无英华。振动游魂见龙车，身被重累婴[4]妖邪。法由斩祀杀灵蛇，非己之咎先人瑕。案卦论之可奈何。”

球乃迹访其家事，先世曾伐大树，得大蛇杀之，女便病。病后，有群鸟数千，回翔屋上。人皆怪之，不知何故。有县农行过舍边，仰视，见龙牵车，五色晃烂，其大非常，有顷遂灭。

1. 别驾：官名，别驾从事史，州郡刺史的佐官。
2. 顾球：《晋书·顾和传》：“时宗人球，亦有令闻，为州别驾。”
3. “大过”之“升”：“大过”“升”皆是卦名，见《周易》。之，此处是指卦象之间因爻变而产生变化。
4. 婴：遭遇。

◎

义兴[1]方叔保得伤寒，垂死，令璞占之。不吉，令求白牛厌之。求之不得，唯羊子玄有一白牛，不肯借。

璞为致之，即日有大白牛从西来，径往临，叔保惊惶，病即愈。

1. 义兴：郡名，西晋时置，治所在今江苏宜兴。隋时废义兴郡，改为义兴县。

◎

西川费孝先善轨革[1]，世皆知名。有大若人王旻，因货殖至成都，求为卦。孝先曰：“教住莫住，教洗莫洗。一石谷捣得三斗米。遇明即活，遇暗即死。”再三戒之，令诵此言足矣。旻志之。

及行，途中遇大雨，憩一屋下，路人盈塞，乃思曰：“教住莫住，得非此耶？”遂冒雨行，未几，屋遂颠覆，独得免焉。旻之妻已私邻比，欲媾[2]终身之好，俟旋归，将致毒谋。旻既至，妻约其私人曰：“今夕新沐者，乃夫也。”将晡(bū)，呼旻洗沐，重易巾幯(cuō)[3]。旻悟曰：“教洗莫洗，得非此耶？”坚不从。妻怒，不省，自沐。夜半反被害。

既觉，惊呼邻里共视，皆莫测其由。遂被囚系考讯。狱就，不能自辨。郡守录状，旻泣言：“死即死矣，但孝先所言，终无验耳。”左右以是语上达。郡守命未得行法乎旻。问曰：“汝邻比何人也？”曰：“康七。”遂遣人捕之。“杀汝妻者，必此人也。”已而果然。因谓僚佐曰：“一石谷捣得三斗米，非康七乎？”由是辨雪，诚遇明即活之效。

1. 费孝先善轨革：费孝先，宋代易学家，今四川成都人，善于预测，出神入化。轨革，古占验术之一，以图画占吉凶。
2. 媾：此指结为婚姻。
3. 帨：擦拭。此指擦拭身体的物品。

◎

隗炤（wěi zhào），汝阴[1]鸿寿亭[2]民也，善《易》。临终书板，授其妻曰：“吾亡后，当大荒。虽尔，而慎莫卖宅也。到后五年春，当有诏使来顿此亭，姓龚。此人负吾金，即以此板往责之。勿负言也。”

亡后，果大困，欲卖宅者数矣，忆夫言，辄止。至期，有龚使者，果止亭中，妻遂赍板责之。

使者执板，不知所言，曰：“我平生不负钱，此何缘尔邪？”妻曰：“夫临亡，手书板见命如此，不敢妄也。”

使者沉吟良久而悟，乃命取蓍（shī）[3]筮之。卦成，抵掌叹曰：“妙哉隗生！含明隐迹而莫之闻，可谓镜穷达而洞吉凶者也。”

于是告其妻曰:“吾不负金，贤夫自有金。乃知亡后当暂穷，故藏金以待太平。所以不告儿妇者，恐金尽而困无已也。知吾善《易》，故书板以寄意耳。金五百斤，盛以青罂，覆以铜柈(pán)[4]，埋在堂屋东头，去地一丈，入地九尺。”

妻还掘之，果得金，皆如所卜。

1. 汝阴:郡名，在今安徽阜阳。阜阳在汝水之南，故名。
2. 亭:秦时设立的介于乡里之间的行政机构，汉高祖刘邦曾为泗水亭长。
3. 蓍:蓍草，古时占卜时所用的一种草。
4. 柈:同“盘”，盘子。

◎

韩友，字景先，庐江舒人也，善占卜，亦行京房厌胜之术。

刘世则女病魅积年，巫为攻祷，伐空冢故城间，得狸鼍(tuó)[1]数十，病犹不差。

友筮之，命作布囊，俟女发时，张囊着窗牖间。友闭户作气，若有所驱。须臾间，见囊大胀，如吹。因决败之。

女仍大发。友乃更作皮囊二枚，沓张之，施张如前，囊复胀满，因急缚囊口，悬着树，二十许日，渐消。开视，有二斤狐毛。

女病遂差。

1. 鼍：扬子鳄，产于长江中下游。

◎

会稽严卿善卜筮。

乡人魏序欲东行，荒年多抄盗[1]，令卿筮之。卿曰："君慎不可东行。必遭暴害，而非劫也。"序不信。卿曰："既必不停，宜有以禳(ráng)[2]之。可索西郭外独母家白雄狗，系着船前。"

求索，止得驳狗[3]，无白者。卿曰："驳者亦足。然犹恨其色不纯，当余小毒，止及六畜辈耳。无所复忧。"

序行半路，狗忽然作声，甚急，有如人打之者。比视已死，吐黑血斗余。其夕，序墅上白鹅数头，无故自死。序家无恙。

1. 抄盗：抢劫。
2. 禳：古代以祭祀消除灾祸的一种活动。
3. 驳狗：毛色不纯的狗。

◎

沛国[1]华佗，字元化，一名旉(fū)。

琅邪[2]刘勋，为河内[3]太守，有女，年几二十，苦脚左膝里有疮，痒而不痛，疮愈数十日复发，如此七八年。迎佗使视。

佗曰："是易治之。当得稻糠，黄色犬一头，好马二匹。"以绳系犬颈，使走马牵犬，马极辄易。计马走三十余里，犬不能行，复令步人拖曳，计向五十里。

乃以药饮女，女即安卧不知人。因取大刀断犬腹近后脚之前，以所断之处向疮口，令二三寸停之。须臾，有若蛇者，从疮中出。便以铁椎横贯蛇头，蛇在皮中动摇良久，须臾不动，乃牵出，长三尺许，纯是蛇，但有眼处而无瞳子，又逆鳞耳。

以膏散着疮中，七日愈。

1. 沛国：郡国名，汉初时为沛郡，汉光武帝改为沛国，封其子刘辅为沛王。
2. 琅邪：也作"琅琊"，郡名，秦时始置，后代因之，其治所也多有变化，辖今山东东南部。
3. 河内：郡名，汉置。其辖区为今河南黄河以北地区，治所在怀县，今河南武陟。

◎

佗尝行道，见一人病咽，嗜食不得下。家人车载，欲往就医。

佗闻其呻吟声，驻车往视。语之曰：“向来道边，有卖饼家蒜齑(jī)[1]大酢(cù)[2]，从取三升饮之，病自当去。”

即如佗言，立吐蛇一枚。

1. 齑：切碎的姜、葱、蒜等。
2. 酢：醋。

卷四

◎

风伯，雨师，星也。风伯者，箕(jī)星[1]也。雨师者，毕星[2]也。郑玄[3]谓：司中、司命，文星第四、第五星也。

雨师，一曰屏翳，一曰号屏，一曰玄冥。

1. 箕星：二十八星宿之一。班固《汉书·天文志》："箕星为风，东北之星也。"
2. 毕星：二十八星宿之一。《书·洪范》注："好风者箕星，好雨者毕星。"
3. 郑玄：东汉经学家。因党锢受牵连而闭门不出，广采众说，遍注群经，成为汉代经学的集大成者。著作多散佚，唯存《毛诗传笺》和《周礼注》《礼记注》《仪礼注》等。

◎

蜀郡[1]张宽，字叔文，汉武帝时为侍中。

从祀甘泉[2]，至渭桥，有女子浴于渭水[3]，乳长七尺。上怪其异，遣问之。女曰："帝后第七车者知我所来。"

时宽在第七车，对曰："天星主祭祀者。斋戒不洁，则女人[4]见。"

1. 蜀郡：郡名，今四川成都一带。
2. 甘泉：汉武帝时有甘泉宫，位于今陕西淳化县甘泉山。
3. 渭水：即渭河，又名禹河，黄河最大支流。《山海经》中，渭河与黄河并称河渭，夸父逐日时饮干了渭河与黄河的水。《尚书·禹贡》载，大禹凿穿山脉，使渭水东流，福泽两岸人民。
4. 女人：即指女宿，二十八星宿之一，位于北方。

◎

文王以太公望为灌坛令，期年，风不鸣条[1]。

文王梦一妇人，甚丽，当道而哭。问其故。曰："吾泰山之女，嫁为东海妇，欲归，今为灌坛令当道有德，废我行。我行必有大风疾雨。大风疾雨，是毁其德也。"

文王觉，召太公问之。是日果有疾雨暴风，从太公邑外而过。文王乃拜太公为大司马。

1. 风不鸣条：形容社会安定，风调雨顺。汉桓宽《盐铁论·水旱》："周公载纪而天下太平。国无夭伤，岁无荒年。当此之时，雨不破块，风不鸣条。旬而一雨，雨必以夜无。丘陵高下皆熟。"

◎

胡母班，字季友，泰山人也。

曾至泰山之侧，忽于树间，逢一绛衣驺(zōu)[1]，呼班云：“泰山府君[2]召。”班惊愕，逡巡[3]未答。复有一驺出，呼之。遂随行数十步，驺请班暂瞑。

少顷，便见宫室，威仪甚严。班乃入阁拜谒，主为设食，语班曰：“欲见君，无他，欲附书与女婿耳。”班问：“女郎何在？”曰：“女为河伯妇。”班曰：“辄当奉书，不知缘何得达？”答曰：“今适河中流，便扣舟呼青衣，当自有取书者。”

班乃辞出。昔驺复令闭目，有顷，忽如故道。遂西行，如神言而呼青衣。

须臾，果有一女仆出，取书而没。少顷，复出，云：“河伯欲暂见君。”婢亦请瞑目。遂拜谒河伯。

河伯乃大设酒食，词旨殷勤。临去，谓班曰：“感君远为致书，无物相奉。”于是命左右：“取吾青丝履来！”以贻班。班出，瞑然忽得还舟。

遂于长安经年而还。至泰山侧，不敢潜过，遂扣树自称姓名，从长安还，欲启消息。须臾，昔驺出，引班如向法而进，因致书焉。府君请曰：“当别再报。”

班语讫，如厕，忽见其父着械徒[4]作，此辈数百人。班进拜流涕问：“大人何因及此？”父云：“吾死不幸，见遣三年。今已二年矣，困苦不可处。知汝今为明府所识，可为吾陈之。

乞免此役，便欲得社公耳。”

班乃依教，叩头陈乞。府君曰：“生死异路，不可相近，身无所惜。”班苦请，方许之。于是辞出，还家。

岁余，儿子死亡略尽。班惶惧，复诣泰山，扣树求见。昔驺遂迎之而见。班乃自说：“昔辞旷拙，及还家，儿死亡至尽。今恐祸故未已，辄来启白，幸蒙哀救。”府君拊掌大笑曰：“昔语君‘死生异路，不可相近’故也。”即敕外召班父。

须臾至，庭中问之：“昔求还里社，当为门户作福，而孙息死亡至尽，何也？”答云：“久别乡里，自忻(xīn)[5]得还，又遇酒食充足，实念诸孙，召之。”

于是代之。父涕泣而出。班遂还。后有儿皆无恙。

1. 驺：古代养马兼管驾车的官。
2. 泰山府君：传说中的泰山山神东岳大帝，掌人间生死。
3. 逡巡：迟疑，犹豫。
4. 徒：徒刑，即被罚服劳役。
5. 忻：喜悦，高兴。

◎

宋时弘农[1]冯夷，华阴[2]潼乡堤首人也。以八月上庚日[3]渡河，溺死。天帝署为河伯。

又《五行书》[4]曰："河伯以庚辰日死，不可治船远行，溺没不返。"

1. 弘农：郡名，汉武帝时置，治所在今河南灵宝东北。
2. 华阴：县名，在今陕西华阴东南。
3. 上庚日：阴历每月上旬的庚日。
4.《五行书》：已佚，相传为古时记述五行吉凶祸福之书。书中汇集了上古以来历春秋战国至秦、汉符瑞灾异之事。

◎

吴余杭县南，有上湖，湖中央作塘[1]。有一人乘马看戏，将三四人，至岑村饮酒，小醉，暮还时，炎热，因下马，入水中枕石眠。马断走归，从人悉追马，至暮不返。

眠觉，日已向晡，不见人马。见一妇来，年可十六七，云："女郎再拜，日既向暮，此间大可畏，君作何计？"因问："女郎何姓？那得忽相闻？"复有一少年，年十三四，甚了了[2]，乘新车，车后二十人至，呼上车，云："大人暂欲相见。"因回车而去。

道中绎络，把火见城郭邑居。既入城，进厅事，上有信幡[3]，题云："河伯信。"俄见一人，年三十许，颜色如画，侍卫烦多，相对欣然，敕行酒，笑云："仆有小女，颇聪明，欲以给君箕帚。"此人知神，不敢拒逆。便敕：备办会就郎中婚。承白：已办。遂以丝布单衣，及纱袷绢裙，纱衫裈（kūn）履屐，皆精好。又给十小吏，青衣数十人。妇年可十八九，姿容婉媚，便成。

三日，经大会客拜阁。四日，云："礼既有限，发遣去。"妇以金瓯[4]、麝香囊与婿别，涕泣而分。又与钱十万、药方三卷，云："可以施功布德。"复云："十年当相迎。"

此人归家，遂不肯别婚，辞亲出家作道人。所得三卷方：一卷脉经，一卷汤方，一卷丸方。周行救疗，皆致神验。后母老，兄丧，因还婚宦。

1. 塘：堤坝。
2. 了了：聪明、懂事，或是明白、清楚。文中意思当为聪明、懂事。
3. 信幡：古代题表官号，用为符信的旗帜。
4. 瓯：盆、盂一类的瓦器。

◎

秦始皇三十六年，使者郑容从关东来，将入函关[1]，西至华阴[2]，望见素车白马，从华山上下。疑其非人，道住止而待之。

遂至，问郑容曰："安之？" 答曰："之咸阳。" 车上人曰："吾华山使也。愿托一牍书，致镐池[3]君所。子之咸阳，道过镐池，见一大梓，有文石，取款梓，当有应者。" 即以书与之。

容如其言，以石款[4]梓树，果有人来取书。

明年，祖龙[5]死。

1. 函关：即函谷关，秦国在古道上设的关隘。其地紧靠黄河岸边，关在谷中，深险如函，故名。
2. 华阴：华山的北面。山北为阴，山南为阳。
3. 镐池：地名，在今陕西西安。
4. 款：敲，叩。
5. 祖龙：指秦始皇，见《史记·秦始皇本纪》。

◎

张璞，字公直，不知何许人也。为吴郡[1]太守。

征还，道由庐山。子女观于祠室，婢使指像人以戏曰："以此配汝。" 其夜，璞妻梦庐君致聘曰："鄙男不肖，感垂采择，用致微意。" 妻觉怪之。婢言其情。于是妻惧，催璞速发。

中流，舟不为行。阖(hé)船震恐。乃皆投物于水，船犹不行。或曰："投女。" 则船为进。皆曰："神意已可知也。以一女而灭一门，奈何？”璞曰：“吾不忍见之。”乃上飞庐[2]卧，使妻沉女于水。

妻因以璞亡兄孤女代之。置席水中，女坐其上，船乃得去。璞见女之在也，怒曰：“吾何面目于当世也。”乃复投己女。

及得渡，遥见二女在下。有吏立于岸侧，曰：“吾庐君主簿也。庐君谢君。知鬼神非匹，又敬君之义，故悉还二女。”

后问女，言：“但见好屋吏卒，不觉在水中也。”

1. 吴郡：古郡名，在今江苏苏州一带。
2. 飞庐：船上的高楼。东汉刘熙《释名·释船》：“其上屋曰庐，象庐舍也。其上重屋曰飞庐，在上，故曰飞也。”

◎

建康[1]小吏曹著，为庐山使所迎，配以女婉。著形意不安，屡屡求请退。

婉潸然垂涕，赋诗序别。并赠织成裈[2]衫。

1. 建康：今江苏南京。
2. 裈：合裆的裤子。

◎

宫亭湖[1]孤石庙，尝有估[2]客下都，经其庙下，见二女子，云："可为买两量[3]丝履，自相厚报。"

估客至都，市好丝履，并箱盛之。自市书刀，亦内箱中。既还，以箱及香置庙中而去，忘取书刀。

至河中流，忽有鲤鱼跳入船内，破鱼腹，得书刀焉。

1. 宫亭湖：今江西省上饶市鄱阳湖。
2. 估：通"贾"，商人。
3. 量：同"緉"，古时鞋子的单位，相当于双。

◎

南州[1]人有遣吏献犀簪于孙权者，舟过宫亭庙而乞灵焉。神忽下教曰："须汝犀簪。"吏惶遽不敢应。俄而犀簪已前列矣。神复下教曰："俟汝至石头城[2]，返汝簪。"吏不得已，遂行。

自分[3]失簪，且得死罪。比达石头，忽有大鲤鱼，长三尺，跃入舟。剖之，得簪。

1. 南州：今广东、广西一带。
2. 石头城：今江苏南京。

3. 分：料想。

◎

郭璞过江，宣城太守殷佑，引为参军。

时有一物，大如水牛，灰色，卑脚，脚类象，胸前尾上皆白，大力而迟钝。来到城下，众咸怪焉。

佑使人伏而取之。令璞作卦，遇“遯(dùn)”之“蛊”[1]，名曰“驴鼠”。

卜适了，伏者以戟刺，深尺余。郡纲纪[2]上祠请杀之。巫云：“庙神不悦。此是邦(gōng)亭[3]庐山君使，至荆山，暂来过我。不须触之。”

遂去，不复见。

1. “遯”之“蛊”：“遯”“蛊”皆是卦名。
2. 纲纪：古代公府及州郡主簿。教化民众，主簿宣之，故曰纲纪。
3. 邦亭：宫亭湖，即鄱阳湖。

◎

庐陵[1]欧明，从贾客，道经彭泽湖，每以舟中所有，多少投湖中，云："以为礼。"

积数年后，复过，忽见湖中有大道，上多风尘。有数吏，乘车马来候明，云："是青洪君[2]使要。"

须臾达，见有府舍，门下吏卒。明甚怖。吏曰："无可怖！青洪君感君前后有礼，故要[3]君，必有重遗君者。君勿取，独求'如愿'耳。"明既见青洪君，乃求"如愿"，使逐明去。

如愿者，青洪君婢也。明将归，所愿辄得，数年，大富。

1. 庐陵：郡名，治所在今江西泰和。
2. 青洪君：鄱阳湖湖神。
3. 要：通"邀"，邀请。

◎

益州[1]之西，云南之东，有神祠。克[2]山石为室，下有神，奉祠之，自称黄公。因言此神，张良所受黄石公之灵也[3]。

清净不宰杀。诸祈祷者，持一百钱，一双笔，一丸墨，置石室中，前请乞。先闻石室中有声，须臾，问："来人何欲？"

既言，便具语吉凶，不见其形。至今如此。

1. 益州：古地名，范围在今四川、贵州、云南及陕西汉中盆地一带。
2. 克：凿。
3. 张良所受黄石公之灵也：张良从黄石公得《太公兵法》，事见西汉司马迁《史记·留侯世家》。

◎

永嘉中，有神见兖州，自称樊道基。

有妪[1]，号成夫人。夫人好音乐，能弹箜篌[2]，闻人弦歌，辄便起舞。

1. 妪：年老的妇女，也可泛指妇女。
2. 箜篌：一种拨弦乐器。唐杜佑《通典·乐四》云："汉武帝使乐人侯调所作，以祠太一。……旧说一依琴制。今按其形，似琴而小，弦用拨弹之，如琵琶也。"

◎

沛国戴文谋，隐居阳城山中。曾于客堂食际，忽闻有神呼曰："我天帝使者，欲下凭[1]君，可乎？"文闻甚惊。又曰："君疑我也。"文乃跪曰："居贫，恐不足降下耳。"

既而洒扫设位，朝夕进食，甚谨。

后于室内窃言之。妇曰："此恐是妖魅凭依耳。"文曰："我亦疑之。"及祠飨(xiǎng)[2]之时，神乃言曰："吾相从，方欲相利，不意有疑心异议。"

文辞谢[3]之际，忽堂上如数十人呼声，出视之，见一大鸟，五色，白鸠数十随之，东北入云而去，遂不见。

1. 凭：靠着，引申为依靠。文中指鬼神下降，依附于人，受其供养。
2. 飨：同"享"，鬼神享用的祭品。
3. 谢：谢罪。

◎

糜(mí)竺，字子仲，东海朐(qú)[1]人也。祖世货殖[2]，家赀[3]巨万。

常[4]从洛归，未至家数十里，见路次有一好新妇，从竺求寄载。行可二十余里，新妇谢去，谓竺曰："我天使也。当往烧东海糜竺家，感君见载，故以相语。"

竺因私请之。妇曰："不可得不烧。如此，君可快去，我当缓行。日中必火发。"

竺乃急行归，达家，便移出财物。日中，而火大发。

1. 朐：古县名，秦置，故址在今江苏连云港西南。
2. 货殖：指经商。殖，指生财谋利。
3. 赀：通"资"，资财，钱财。
4. 常：通"尝"，曾经。

◎

汉宣帝[1]时，南阳[2]阴子方者，性至孝，积恩好施，喜祀灶。

腊日[3]晨炊，而灶神形见。子方再拜受庆，家有黄羊[4]，因以祀之。自是已后，暴至巨富。田七百余顷，舆马仆隶，比于邦君。子方尝言："我子孙必将强大。"

至识[5]三世，而遂繁昌。家凡四侯，牧守数十。故后子孙尝以腊日祀灶，而荐黄羊焉。

1. 汉宣帝：即刘询，汉武帝曾孙，在位时间为公元前74—前49年。
2. 南阳：地名，今河南南阳。
3. 腊日：古代阴历十二月行腊祭，腊祭那一日称腊日，即农历十二月初八。

4. 黄羊：文中黄羊当指黄犬。汪绍楹校注《搜神记》引《荆楚岁时记》云："以黄犬祭之，谓之黄羊。"又引《古今注》云："狗一名黄羊。"
5. 识：即阴识，汉光武帝皇后阴丽华之异母兄。

◎

吴县[1]张成，夜起，忽见一妇人立于宅南角，举手招成曰："此是君家之蚕室，我即此地之神。明年正月十五，宜作白粥，泛膏于上。以后年年大得蚕。"

今之作膏糜[2]像此。

1. 吴县：位于今江苏苏州。
2. 膏糜：上浮油脂的米粥，古代农历正月十五用此祭祀蚕神。

◎

豫章有戴氏女，久病不差。见一小石，形像偶人[1]，女谓曰："尔有人形，岂神？能差我宿疾者，吾将重汝。"

其夜，梦有人告之：“吾将佑汝。”自后疾渐差。

遂为立祠山下，戴氏为巫，故名戴侯祠。

1. 偶人：土、木、陶瓷等制成的人形物。

◎

汉阳羡[1]长刘玘(qǐ)尝言：“我死当为神。”

一夕，饮醉，无病而卒。风雨，失其柩。夜闻荆山有数千人噉(hǎn)[2]声，乡民往视之，则棺已成冢。

遂改为君山，因立祠祀之。

1. 阳羡：地名，即江苏宜兴。
2. 噉：喊，叫。

卷五

◎

蒋子文者，广陵[1]人也。嗜酒，好色，挑达[2]无度。常自谓："已骨清，死当为神。"

汉末，为秣陵尉，逐贼至钟山[3]下，贼击伤额，因解绶缚之，有顷遂死。

及吴先主[4]之初，其故吏见文于道，乘白马，执白羽，侍从如平生。见者惊走，文追之，谓曰："我当为此土地神，以福尔下民。尔可宣告百姓，为我立祠。不尔，将有大咎。"是岁夏，大疫，百姓窃相恐动，颇有窃祠之者矣。

文又下巫祝："吾将大启祐孙氏，宜为我立祠；不尔，将使虫入人耳为灾。"俄而小虫如尘虻[5]，入耳皆死，医不能治。百姓愈恐，孙主未之信也。

又下巫祝："若不祀我，将又以大火为灾。"是岁，火灾大发，一日数十处。火及公宫。议者以为鬼有所归，乃不为厉，宜有以抚之。

于是使使者封子文为中都侯，次弟子绪为长水校尉，皆加印绶。为立庙堂。转号钟山为蒋山，今建康东北蒋山是也。自是灾厉止息，百姓遂大事之。

1. 广陵：郡名，西汉置，治所在广陵县，今江苏扬州。
2. 挑达：轻薄放荡。
3. 钟山：即今江苏南京紫金山。

4. 吴先主：指三国吴主孙权。
5. 尘虻：一种比蚊子小的飞虫。

◎

刘赤父者，梦蒋侯召为主簿。期日[1]促，乃往庙陈请："母老，子弱，情事过切，乞蒙放恕。会稽魏过，多材艺，善事神，请举过自代。"因叩头流血。

庙祝曰："特愿相屈，魏过何人，而有斯举？"

赤父固请，终不许，寻而赤父死焉。

1. 期日：约定的日期。

◎

咸宁[1]中，太常卿[2]韩伯子某，会稽内史[3]王蕴子某，光禄大夫[4]刘耽子某，同游蒋山庙。庙有数妇人像，甚端正。某等醉，各指像以戏，自相配匹。

即以其夕，三人同梦蒋侯遣传教相闻，曰："家子女并丑陋，而猥[5]垂荣顾。辄刻某日，悉相奉迎。”某等以其梦指适异常，试往相问，而果各得此梦，符协如一。于是大惧。备三牲[6]，诣庙谢罪乞哀。

又俱梦蒋侯亲来降己曰：“君等既已顾之，实贪会对，克[7]期垂及，岂容方更中悔？”经少时并亡。

1. 咸宁：晋武帝司马炎年号，公元 275—280 年。亦有学人称此指咸安、宁康年间，咸安是东晋简文帝司马昱年号，宁康是东晋孝武帝司马曜年号。
2. 太常卿：古代官职名，掌管宗庙礼仪之官，位列九卿，也兼管太学和选试博士。
3. 内史：古代官名。西周始置，策命诸侯、卿、大夫并负责俸禄的废置。
4. 光禄大夫：古代官名。战国时为中大夫，汉时改光禄大夫，掌顾问应对。
5. 猥：谦辞，表示自己的谦卑。
6. 三牲：古代祭祀用的牛、羊、豕(shǐ)。
7. 克：约定或限定时间。

◎

会稽鄮(mào)县[1]东野有女子，姓吴，字望子。年十六，姿容可爱。

其乡里有解鼓舞神者，要之，便往。

缘塘行，半路忽见一贵人，端正非常。贵人乘船，挺力十余，整顿。令人问望子欲何之，具以事对。贵人云："今正欲往彼，便可入船共去。"望子辞不敢。忽然不见。

望子既拜神座，见向船中贵人，俨然端坐，即蒋侯像也。问望子："来何迟？"因掷两橘与之。

数数形见，遂隆情好。心有所欲，辄空中下之。尝思噉[2]鲤一双，鲜鲤随心而至。望子芳香，流闻数里，颇有神验，一邑共事奉。

经三年，望子忽生外意，神便绝往来。

1. 鄮县：县名，秦置，因在鄮山的北面而得名。
2. 噉：同"啖"，吃。

◎

陈郡[1]谢玉，为琅邪内史，在京城。所在虎暴，杀人甚众。

有一人，以小船载年少妇，以大刀插着船，挟暮来至逻所[2]。将出语云："此间顷来甚多草秽，君载细小[3]，作此轻行，大为不易。可止逻宿也。"相问讯既毕，逻将适还去。

其妇上岸，便为虎将去；其夫拔刀大唤，欲逐之。先奉事蒋侯，乃唤求助。如此当行十里，忽如有一黑衣为之导，其人随之，当复二十里，见大树，既至一穴。虎子闻行声，谓其母至，皆走出，其人即其所杀之。便拔刀隐树侧，住良久，虎方至，便下妇着地，倒牵入穴。其人以刀当腰斫断之。

虎既死，其妇故活。向晓，能语。问之，云："虎初取，便负着背上，临至而后下之。四体无他，止为草木伤耳。"扶归还船。

明夜，梦一人语之曰："蒋侯使助，汝知否？"至家，杀猪祠焉。

1. 陈郡：郡名，秦置，在今河南淮阳。
2. 逻所：巡逻的哨所。
3. 细小：家眷。

◎

淮南全椒[1]县有丁新妇者，本丹阳丁氏女，年十六，适全椒谢家。其姑严酷，使役有程，不如限者，仍便笞捶(chuí)不可堪。九月九日，乃自经死。

遂有灵响，闻于民间。发言于巫祝曰："念人家妇女，作息不倦，使避九月九日，勿用作事。"

见形，着缥[2]衣，戴青盖，从一婢，至牛渚津[3]，求渡。有两男子共乘船捕鱼，仍呼求载。两男子笑共调弄之，言："听我为妇，当相渡也。"丁妪曰："谓汝是佳人，而无所知。汝是人，当使汝入泥死；是鬼，使汝入水。"便却入草中。

须臾，有一老翁乘船载苇。妪从索渡。翁曰："船上无装，岂可露渡？恐不中载耳。"妪言："无苦。"翁因出苇半许，安处不着船中，径渡之。至南岸，临去，语翁曰："吾是鬼神，非人也，自能得过。然宜使民间粗相闻知。翁之厚意，出苇相渡，深有惭感，当有以相谢者。若翁速还去，必有所见，亦当有所得也。"翁曰："恐燥湿[4]不至，何敢蒙谢。"

翁还西岸，见两男子覆水中。进前数里，有鱼千数跳跃水边，风吹至岸上。翁遂弃苇，载鱼以归。

于是丁妪遂还丹阳。江南人皆呼为丁姑。九月九日，不用作事，咸以为息日也。今所在祠之。

1. 全椒：今属安徽滁州市。
2. 缥：青白色的丝织品。
3. 牛渚津：长江渡口名，在今安徽当涂牛渚山下。
4. 燥湿：此处指代照顾不周。

◎

散骑侍郎[1]王祐疾困，与母辞诀。既而闻有通宾者，曰："某郡某里某人，尝为别驾。"祐亦雅闻其姓字。

有顷，奄然来至，曰："与卿士类，有自然之分，又州里，情便款然[2]。今年国家有大事，出三将军，分布征发。吾等十余人，为赵公明[3]府参佐[4]。至此仓卒，见卿有高门大屋，故来投。与卿相得，大不可言。"

祐知其鬼神，曰："不幸疾笃，死在旦夕，遭卿，以性命相托。"答曰："人生有死，此必然之事。死者不系生时贵贱。吾今见领兵三千，须卿得度簿相付，如此地难得，不宜辞之。"祐曰："老母年高，兄弟无有，一旦死亡，前无供养。"遂歔欷不能自胜。其人怆然曰："卿位为常伯，而家无余财，向闻与尊夫人辞诀，言辞哀苦。然则卿国士也，如何可令死。吾当相为。"因起去。明日，更来。

其明日，又来。祐曰："卿许活吾，当卒恩否？"答曰："大老子[5]业已许卿，当复相欺耶！"见其从者数百人，皆长二尺许，乌衣军服，赤油为志。

祐家击鼓祷祀，诸鬼闻鼓声，皆应节起舞，振袖飒飒有声。祐将为设酒食，辞曰："不须。"因复起去。

谓祐曰："病在人体中，如火，当以水解之。"因取一杯水，发被灌之。又曰："为卿留赤笔十余枝，在荐下，可与人使簪之。出入辟恶灾，举事皆无恙。"因道曰："王甲、李乙，吾皆与之。"

遂执祐手与辞。

时祐得安眠，夜中忽觉，乃呼左右，令开被："神以水灌我，将大沾濡。"开被而信有水，在上被之下，下被之上，不浸，如露之在荷。量之，得三升七合[6]。于是疾三分愈二，数日大除。

凡其所道当取者，皆死亡，唯王文英半年后乃亡。所道与赤笔人，皆经疾病及兵乱，皆亦无恙。

初有妖书云："上帝以三将军赵公明、钟士季[7]各督数鬼下取人。"莫知所在。祐病差，见此书，与所道赵公明合焉。

1. 散骑侍郎：古代官职名，规谏过失、陪伴皇帝左右的侍官。
2. 款然：感情真挚融洽。
3. 赵公明：传说中起初为瘟神，后在中国民间传说中为财神。
4. 参佐：下属。
5. 大老子：老年男人的自称。
6. 合：古代容量单位，十合为一升。
7. 钟士季：即钟会，三国曹魏谋士。

◎

汉下邳[1]周式尝至东海，道逢一吏，持一卷书，求寄载。行十余里，谓式曰："吾暂有所过，留书寄君船中，慎勿发之。"

去后，式盗发视书，皆诸死人录，下条有式名。

须臾，吏还，式犹视书。吏怒曰："故以相告，而忽视之？"式叩头流血。良久，吏曰："感卿远相载，此书不可除卿名。今日已去，还家，三年勿出门，可得度[2]也。勿道见吾书。"

式还，不出。已二年余，家皆怪之。邻人卒[3]亡，父怒，使往吊之。式不得已，适出门，便见此吏。吏曰："吾令汝三年勿出，而今出门，知复奈何？吾求不见，连累为鞭杖，今已见汝，无可奈何。后三日日中，当相取也。"

式还，涕泣具道如此。父故不信，母昼夜与相守。至三日日中时，果见来取，便死。

1. 下邳：古地名。秦时置县，在今江苏睢宁西北。
2. 度：度过，这里指免于一死。
3. 卒：通"猝"，突然。

◎

南顿[1]张助，于田中种禾，见李核，欲持去，顾见空桑，中有土，因植种，以余浆溉灌。

后人见桑中反复生李，转相告语。有病目痛者，息阴下，言："李君令我目愈，谢以一豚。"

目痛小疾，亦行自愈。众犬吠声，盲者得视，远近翕（xī）赫[2]，其下车骑常数千百，酒肉滂沱。

间一岁余，张助远出来还，见之，惊云：“此有何神，乃我所种耳。”因就斫之。

1. 南顿：古县名。秦治县，治所在今河南省项城市西。
2. 翕赫：显赫，盛大。

◎

王莽[1]居摄。刘京上言：“齐郡临淄县亭长辛当，数梦人谓曰：‘吾，天使也。摄皇帝当为真。即[2]不信我，此亭中当有新井出。’亭长起视亭中，果有新井，入地百尺。”

1. 王莽：汉孝元皇后王政君的侄子，汉平帝皇后之父。汉平帝时，王莽为大司马，代理政务。孺子婴为帝时，王莽摄政，后于公元 8 年篡位称帝，建立新朝。公元 23 年，绿林军攻入长安，王莽死于战乱之中。
2. 即：如果，假如。

# 卷六

◎

妖怪者，盖精气之依物者也。

气乱于中，物变于外。形神气质，表里之用也。本于五行，通于五事[1]，虽消息[2]升降，化动万端，其于休咎[3]之征，皆可得域而论矣。

1. 五事：指貌、言、视、听、思。
2. 消息：消长，生灭。
3. 休咎：吉凶，善恶。

◎

夏桀之时厉山[1]亡，秦始皇之时三山[2]亡，周显王三十二年宋大丘[3]社亡，汉昭帝之末，陈留、昌邑社亡。京房《易传》曰："山默然自移，天下兵乱，社稷亡也。"

故会稽山阴琅邪中有怪山，世传本琅邪东武海中山也。时天夜，风雨晦冥，旦而见武山在焉。百姓怪之，因名曰怪山。时东武县山，亦一夕自亡去，识其形者，乃知其移来。今怪山下见有东武里，盖记山所自来，以为名也。

又交州[4]山移至青州[5]朐县。凡山徙，皆不极之异也。此二事未详其世。《尚书·金縢(téng)》[6]曰："山徙者，人君不用道，士贤者不兴；或禄去公室，赏罚不由君，私门成群。不救，当为易世变号。”

说曰：“善言天者，必质于人；善言人者，必本于天。故天有四时，日月相推，寒暑迭代。其转运也，和而为雨，怒而为风，散而为露，乱而为雾，凝而为霜雪，张而为虹霓，此天之常数也。

“人有四肢五脏，一觉一寐，呼吸吐纳，精气往来，流而为荣卫[7]，彰而为气色，发而为声音，此亦人之常数也。

“若四时失运，寒暑乖违，则五纬[8]盈缩，星辰错行，日月薄蚀，彗孛[9]流飞，此天地之危诊也。寒暑不时，此天地之蒸否也。石立土踊，此天地之瘤赘也。山崩地陷，此天地之痈(yōng)疽也。冲风暴雨，此天地之奔气也。雨泽不降，川渎涸竭，此天地之焦枯也。”

1. 厉山：古山名，所在地点说法不一。
2. 三山：传说中的三座仙山——蓬莱、方丈、瀛洲。
3. 大丘：亦作“太丘”。太丘，在今河南永城西北。
4. 交州：古地名，又称交趾，其辖区范围在今广东、广西以及越南中北部一带。
5. 青州：古九州之一，曾运乾注《尚书·禹贡》：“青州既兼青、营二州地，则今山东东部并今辽河以东之地皆古青州境。”
6.《尚书·金縢》：今《尚书·金縢》已佚。
7. 荣卫：中医术语，“荣”指血液循环，“卫”指气的周流。

8. 五纬：指金、木、水、火、土五星。

9. 彗孛：即彗星、孛星。古人认为这两种星象征着灾祸与战争。

◎

商纣之时，大龟生毛，兔生角，兵甲将兴之象也。

◎

周宣王三十三年，幽王生，是岁，有马化为狐。

◎

晋献公二年，周惠王居于郑，郑人入玉府[1]，多取玉，玉化为蜮(yù)[2]，射人。

1. 玉府：《周礼·天官·玉府》："玉府掌王之金玉、玩好、兵器。"

2. 蜮：传说中一种能含沙射人的动物。

◎

周隐王[1]二年四月，齐地暴长，长丈余，高一尺五寸。京房《易妖》[2]曰："地四时暴长，占：春、夏多吉，秋、冬多凶。"

历阳[3]之郡，一夕沦入地中而为水泽，今麻湖[4]是也。不知何时。《运斗枢》[5]曰："邑之沦，阴吞阳，下相屠焉。"

1. 周隐王：即周赧(nǎn)王，东周最后一位君主，在位时间为公元前314－前256年。
2.《易妖》：即《周易妖占》，已佚。
3. 历阳：地名。秦时置县，治所在今安徽和县。
4. 麻湖：湖泊名，在安徽和县、含山县交界。
5.《运斗枢》：《春秋》纬的一种，今已亡佚。

◎

周哀王[1]八年，郑有一妇人，生四十子，其二十人为人，二十人死。其九年，晋有豕生人。

吴赤乌[2]七年，有妇人一生三子。

1. 周哀王：名去疾，东周君主。公元前 441 年，周贞定王介崩，长子去疾继位。
2. 赤乌：三国东吴大帝孙权年号，公元 238—251 年。

◎

周烈王[1]六年，林碧阳君之御人[2]产二龙。

1. 周烈王：名喜，在位时间为公元前 375 —前 369 年。
2. 御人：侍女，侍妾。

◎

鲁严公[1]八年，齐襄公[2]田[3]于贝丘[4]，见豕。

从者曰："公子彭生也。"公怒，射之，豕人立而啼。公惧，坠车，伤足，丧屦(jù)[5]。

刘向以为近豕祸也。

1. 鲁严公：即鲁庄公。庄公十年春，齐师伐鲁，史称“长勺之战”。曹刿(guì)跟随鲁庄公作战，大败齐师，“一鼓作气，再而衰，三而竭”语出于此役。
2. 齐襄公：名诸儿，吕氏齐国第十二世、十四任君主，前后做了12年的齐国君主。与齐襄王（田氏齐国第七任君主田法章）非同一人。
3. 田：打猎。
4. 贝丘：也作“沛丘”。齐邑名，在今山东博兴。
5. 丧屦：屦，本义是用麻、葛等制成的单底鞋子，后泛指鞋。汉司马迁《史记·齐太公世家》云：“冬十二月，襄公游姑棼，遂猎沛丘。见彘，从者曰‘彭生’。公怒，射之，彘人立而啼。公惧，坠车，伤足，丧屦。”

◎

鲁严公时，有内蛇与外蛇斗郑南门中，内蛇死。

刘向以为近蛇孽也。京房《易传》曰：“立嗣子疑，厥妖蛇居国门斗。”

◎

鲁昭公[1]十九年，龙斗于郑时门之外洧(wěi)渊[2]。

刘向以为近龙孽也。京房《易传》曰："众心不安，厥妖龙斗其邑中也。"

1. 鲁昭公：鲁国后期国君，名裯(chóu)，在位时间为公元前541—前510年。
2. 洧渊：古洧水一段的称谓。在春秋战国时期郑国都城南门外，今河南双洧河。

◎

鲁定公元年[1]，有九蛇绕柱。

占，以为九世庙不祀，乃立炀宫[2]。

1. 鲁定公元年：公元前509年。鲁定公：名宋，春秋鲁国君主之一。
2. 炀宫：祭祀鲁炀公的庙。

◎

秦孝公[1]二十一年，有马生人。昭王[2]二十年，牡马生子而死。

刘向以为皆马祸也。京房《易传》曰："方伯分威，厥妖牡马生子。上无天子，诸侯相伐，厥妖马生人。"

1. 秦孝公：嬴姓，名渠梁，在位时间为公元前 361—前 338 年。在位期间任用商鞅，变法图强。
2. 昭王：嬴姓，名则，一名稷。在位时间为公元前 306—前 251 年。早年在燕国为人质，秦武王死后，继承王位。

◎

魏襄王[1]十三年，有女子化为丈夫，与妻生子。

京房《易传》曰："女子化为丈夫，兹谓阴昌，贱人为王。丈夫化为女子，兹谓阴胜阳，厥咎亡。"

一曰："男化为女宫刑滥，女化为男妇政行也。"

1. 魏襄王：名嗣，战国时期魏国第四位国君，在位时间为公元前 318 —前 296 年。

◎

秦惠文王[1]五年，游朐（xù）衍[2]，有献五足牛。

时秦世大用民力，天下叛之。京房《易传》曰：“兴繇[3]役，夺民时，厥妖牛生五足。”

1. 秦惠文王：战国时期秦国国君。秦孝公之子，嬴姓，名驷，公元前 325 年称王。
2. 朐衍：战国时北方少数民族，此处指其地。
3. 繇：通“徭”。

◎

秦始皇二十六年，有大人长五丈，足履六尺，皆夷狄服，凡十二人，见于临洮[1]。乃作金人十二以象之。

1. 临洮：古县名，秦置，治所在今甘肃岷县。

◎

汉惠帝[1]二年，正月癸酉旦，有两龙现于兰陵[2]廷东里温陵井中，至乙亥夜去。

京房《易传》曰:“有德遭害，厥妖龙见井中。”又曰:“行刑暴恶，黑龙从井出。”

1. 汉惠帝：汉高祖刘邦之子，名盈。在位时间为公元前 194 —前 187 年。
2. 兰陵：古地名，故城约在今山东峄县东。

◎

汉文帝十二年[1]，吴地有马生角，在耳前，上向。右角长三寸，左角长二寸，皆大二寸。

刘向以为马不当生角，犹吴不当举兵向上也，吴将反之变云。

京房《易传》曰:“臣易上，政不顺，厥妖马生角。兹谓贤士不足。”又曰:“天子亲伐，马生角。”

1. 汉文帝十二年：公元前 168 年。汉文帝刘恒，刘邦第四子，在位期间，励精图治，开启了“文景之治”。

◎

文帝后元五年六月[1]，齐雍城门外有狗生角。

京房《易传》曰：“执政失下，将害之，厥妖狗生角。”

1. 文帝后元五年六月：汉文帝并未有年号，其在位时间共为二十三年，其后七年称为后元。

◎

汉景帝[1]元年九月，胶东[2]下密人，年七十余，生角，角有毛。

京房《易传》曰：“冢宰专政，厥妖人生角。”

《五行志》以为人不当生角，犹诸侯不敢举兵以向京师也。其后遂有七国之难。

至晋武帝泰始五年，元城人，年七十，生角。殆赵王伦[3]篡乱之应也。

1. 汉景帝：刘启，在位十七年，平定“七国之乱”，实行“与民休息”的政策，完成了“文景之治”的过渡。
2. 胶东：汉文帝置胶东国，“七国之乱”后废除，分其为胶东郡与东莱郡。

3. 赵王伦：西晋大臣司马伦，司马懿第九子，封为赵王。元康十年（公元 300 年），逼晋惠帝退位，自立为帝，后又被讨伐，兵败让位于晋惠帝。

◎

汉景帝三年，邯郸有狗与彘交。

是时赵王[1]悖乱，遂与六国反，外结匈奴以为援。

《五行志》以为：犬，兵革失众之占；豕，北方匈奴之象。逆言失听，交于异类，以生害也。

京房《易传》曰："夫妇不严，厥妖狗与豕交。兹谓反德，国有兵革。"

1. 赵王：即刘遂。刘邦之孙，汉景帝时参与"七国之乱"。后兵败自杀。

◎

景帝三年十一月，有白颈乌与黑乌群斗楚国吕县：白颈不胜，堕泗水中死者数千。刘向以为近白黑祥也。

时楚王戊[1]暴逆无道，刑辱申公[2]，与吴谋反。乌群斗者，师战之象也。白颈者小，明小者败也。堕于水者，将死水地。王戊不悟，遂举兵应吴，与汉大战，兵败而走，至于丹徒。为越人所斩，堕泗水之效也。

京房《易传》曰："逆亲亲，厥妖白黑乌斗于国中。"

燕王旦[3]之谋反也，又有一乌，一鹊，斗于燕宫中池上，乌堕池死。《五行志》以为楚、燕皆骨肉，藩臣骄恣，而谋不义，俱有乌鹊斗死之祥。行同而占合，此天人之明表也。燕阴谋未发，独王自杀于宫，故一乌而水色者死；楚炕(kàng)阳举兵，军师大败于野，故乌众而金色者死。天道精微之效也。

京房《易传》曰："颛[4]征劫杀，厥妖乌鹊斗。"

1. 楚王戊：西汉刘戊，刘邦异母弟刘元之孙。《史记·楚元王世家》载："为薄太后服，私奸。"刘戊在服国丧时与人有奸情，被汉景帝削其领地。刘戊勾结吴王刘濞，发动"七国之乱"。
2. 申公：汉时儒士，善治《诗经》。刘戊"刑辱申公"事，见《史记·儒林列传》："申公者，鲁人也。高祖过鲁，申公以弟子从师入见高祖于鲁南宫。吕太后时，申公游学长安，与刘郢同师。已而郢为楚王，令申公傅其太子戊。戊不好学，疾申公。及王郢卒，戊立为楚王，胥靡申公。"
3. 燕王旦：刘旦，汉武帝第三子，预谋废汉昭帝而自立为帝，谋败自杀。
4. 颛：通"专"，专断，专擅。

◎

景帝十六年，梁孝王[1]田北山，有献牛足上出背上者。

刘向以为近牛祸。内则思虑霿(méng)乱[2]，外则土功过制，故牛祸作。足而出于背，下奸上之象也。

1. 梁孝王：刘武，汉文帝嫡次子。他设梁园招天下英才，形成了声震朝野的文学团体。“七国之乱”时，据守睢阳，率韩安国、张羽将军拒吴。后来吴楚兵败，刘武有功而封大国，居天下最膏腴之地。窦太后器重他，欲以为帝，后病死遂罢。
2. 霿乱：黑暗混乱。

◎

汉武帝太始四年[1]七月，赵有蛇从郭外入，与邑中蛇斗孝文庙下。邑中蛇死。

后二年秋，有卫太子事[2]，自赵人江充起。

1. 汉武帝太始四年：公元前 93 年。
2. 卫太子事：江充与戾太子及卫氏有怨恨，担心被诛，向汉武帝诬告太子行巫蛊之术。戾太子惧怕，诱杀江充。后戾太子兵变失败，自尽而亡。此事见《资治通鉴·汉纪十四》。

◎

汉昭帝[1]元凤元年九月，燕有黄鼠衔其尾舞王宫端门中。

王往视之，鼠舞如故。王使吏以酒脯祠鼠，舞不休。一日一夜，死。时燕王旦谋反，将死之象也。

京房《易传》曰："诛不原情，厥妖鼠舞门。"

1. 汉昭帝：汉武帝刘彻之子刘弗陵。元凤为其年号，公元前80—前75年。

◎

昭帝元凤三年正月，泰山芜莱山南汹汹有数千人声。

民往视之，有大石自立，高丈五尺，大四十八围，入地深八尺，三石为足。石立后，有白乌数千集其旁。

宣帝[1]中兴之瑞也。

1. 宣帝：即汉宣帝刘询。汉武帝曾孙，戾太子刘据之孙。原名刘病已，后改为刘询。宣帝襁褓中因巫蛊之祸而下狱，后有诏书，令养在掖庭。昭帝无嗣，宣帝因而得以继位。汉宣帝执政时期，国力强盛，经济繁荣，被称为"孝宣之治"。

◎

昭帝时，上林苑中大柳树断，仆地。

一朝起立，生枝叶。有虫食其叶，成文字，曰："公孙病已立。"

◎

昭帝时，昌邑王贺[1]见大白狗，冠方山冠[2]而无尾。

至熹平[3]中，省内冠狗带绶以为笑乐。有一狗突出，走入司空府门。或见之者，莫不惊怪。

京房《易传》曰："君不正，臣欲篡，厥妖狗冠出朝门。"

1. 昌邑王贺：即刘贺，汉武帝之孙。昌邑王为西汉受封昌邑国的王室。刘贺于元平元年（前 74 年）上位，是西汉第九位皇帝，也是西汉历史上在位时间最短的皇帝。
2. 方山冠：汉代祭宗庙时乐舞人所戴之冠。前高七寸，后高三寸，缨长八寸，以五彩縠(hú)为之。
3. 熹平：汉灵帝刘宏第二个年号，公元 172—178 年。

◎

汉宣帝黄龙[1]元年，未央殿[2]辂軨(líng)中雌鸡化为雄，毛衣变化，而不鸣，不将，无距[3]。

元帝初元元年[4]，丞相府史家雌鸡伏子，渐化为雄，冠距鸣将。

至永光中，有献雄鸡生角者。

《五行志》以为王氏之应。

京房《易传》曰："贤者居明夷之世，知时而伤，或众在位，厥妖鸡生角。"又曰："妇人专政，国不静，牝(pìn)鸡[5]雄鸣，主不荣。"

1. 黄龙：汉宣帝刘询最后一个年号，公元前 49 年。
2. 未央殿：即未央宫。汉高祖七年建未央宫，是西汉大朝正宫。
3. 距：公鸡爪后部突出像脚趾的部分。
4. 元帝初元元年：汉元帝刘奭，宣帝之子，初元是其第一个年号。
5. 牝鸡：母鸡。

◎

宣帝之世，燕[1]、岱[2]之间，有三男共取一妇，生四子。及至将分妻子而不可均，乃致争讼。

廷尉[3]范延寿断之曰："此非人类，当以禽兽从母不从父也。”请戮三男，以儿还母。

宣帝嗟叹曰:“事何必古，若此，则可谓当于理而厌人情也。”

延寿盖见人事而知用刑矣，未知论人妖将来之验也。

1. 燕：今河北一带。
2. 岱：古国名，其地在今河北蔚县东北。
3. 廷尉：官名，掌刑狱。

◎

汉元帝永光[1]二年八月，天雨草，而叶相樛(jiū)[2]结，大如弹丸。

至平帝元始三年[3]正月，天雨草，状如永光时。

京房《易传》曰:“君吝于禄，信衰，贤去，厥妖天雨草。”

1. 永光：汉元帝第二个年号，公元前43—前39年。
2. 樛：同“摎(jiū)”，缠绕，纠结。
3. 平帝元始三年：平帝即汉平帝刘衎(kàn)，元始是其年号，公元1—5年。

◎

元帝建昭五年，兖州刺史浩赏，禁民私所自立社。山阳橐(tuó)茅乡社[1]有大槐树，吏伐断之，其夜树复立故处。

说曰:“凡枯断复起,皆废而复兴之象也。”是世祖之应耳。

1. 社：古代一种居民组织，二十五家为一社。

◎

汉成帝建始四年九月，长安城南，有鼠衔黄藁(gǎo)[1]、柏叶，上民冢柏及榆树上为巢。桐柏[2]为多。巢中无子，皆有干鼠矢数升。时议臣以为恐有水灾。

鼠盗窃小虫，夜出昼匿。今正昼去穴而登木，象贱人将居贵显之占。桐柏，卫思后[3]园所在也。其后赵后[4]自微贱登至尊，与卫后同类。赵后终无子，而为害。

明年，有鸢焚巢杀子之象云。

京房《易传》曰:“臣私禄罔干，厥妖鼠巢。”

1. 藁：禾秆。
2. 桐柏：当为地名，在长安城南。
3. 卫思后：即卫皇后。初为平阳公主歌女，被汉武帝临幸，生戾太子刘据，封为皇后。巫蛊之祸起，卫皇后被废自杀。汉宣帝刘询继位，改葬卫皇后，追谥为思后。

4. 赵后：汉成帝皇后赵飞燕。初为歌女，得幸入宫，后被封皇后，平帝时又被废为庶人，自杀。

◎

成帝河平元年[1]，长安男子石良、刘音相与同居。有如人状在其室中，击之，为狗，走出。

去后，有数人披甲，持弓弩至良家。良等格击，或死或伤，皆狗也。自二月至六月，乃止。

其于《洪范》[2]，皆犬祸，言不从之咎也。

1. 成帝河平元年：成帝即汉成帝刘骜（ào），河平是汉成帝第二个年号，公元前28—前25年。汉成帝沉湎酒色，荒于政事，任由外戚掌权，埋下了王莽篡汉的祸根。

2. 《洪范》：此文中之《洪范》，当指《洪范五行传论》，作者为刘向。该书认为，天、社会和人之间存在着某种联系，可通过阴阳五行相互联系，相互影响。

◎

成帝河平元年二月庚子，泰山山桑谷，有鸢焚其巢。

男子孙通等闻山中群鸟鸢鹊声，往视之，见巢燃，尽堕池中，有三鸢鷇（kòu）[1]烧死。树大四围，巢去地五丈五尺。

《易》曰："鸟焚其巢，旅人先笑后号咷（táo）[2]。"

后卒成易世之祸云。

1. 鷇：待母鸟哺食的幼鸟。
2. "鸟焚其巢"二句：出自《周易·旅卦》中的上九爻辞。号咷，放声大哭。

◎

成帝鸿嘉[1]四年秋，雨鱼于信都[2]，长五寸以下。

至永始[3]元年春，北海出大鱼，长六丈，高一丈，四枚。

哀帝建平三年[4]，东莱平度出大鱼，长八丈，高一丈一尺，七枚。皆死。

灵帝熹平二年[5]，东莱海出大鱼二枚，长八九丈，高二丈余。

京房《易传》曰："海数见巨鱼，邪人进，贤人疏。"

1. 鸿嘉：汉成帝第四个年号，公元前 20—前 17 年。
2. 信都：古县名，在今河北冀州区。
3. 永始：汉成帝第五个年号，公元前 16—前 13 年。
4. 哀帝建平三年：建平三年，即公元前 4 年。汉成帝刘骜无子，过继中山孝王刘兴之子刘欣，继承帝位，即汉哀帝。建平是其年号，公元前 6—前 3 年。
5. 灵帝熹平二年：熹平二年，即公元前 173 年。灵帝即东汉皇帝刘宏，熹平是其年号，公元 172—178 年。

◎

成帝永始元年二月，河南街邮[1]樗(chū)树[2]生枝，如人头，眉目须皆具，亡发耳。

至哀帝建平三年十月，汝南西平遂阳乡有材仆地生枝，如人形，身青黄色，面白，头有髭(zī)发。稍长大，凡长六寸一分。

京房《易传》曰："王德衰，下人将起，则有木生为人状。"

其后有王莽之篡。

1. 街邮：古亭名。
2. 樗树：臭椿树。

◎

成帝绥和[1]二年二月，大厩马生角，在左耳前，围长各二寸。

是时王莽为大司马，害上之萌，自此始矣。

1. 绥和：汉成帝第七个年号，公元前 8—前 7 年。

◎

成帝绥和二年三月，天水平襄[1]有燕生雀，哺食至大，俱飞去。

京房《易传》曰："贼臣在国，厥咎燕生雀，诸侯销。"又曰："生非其类，子不嗣世。"

1. 天水平襄：西汉置天水郡，治所在平襄。平襄：今甘肃通渭西北。

◎

汉哀帝建平三年，定襄[1]有牡马生驹，三足，随群饮食。

《五行志》以为：马，国之武用。三足，不任用之象也。

1. 定襄：汉代置定襄郡，治所在今内蒙古和林格尔北。

◎

哀帝建平三年，零陵[1]有树僵地，围一丈六尺，长十丈七尺。民断其本，长九尺余，皆枯。三月，树卒自立故处。

京房《易传》曰：“弃正作淫，厥妖本断自属。妃后有颛，木仆，反立，断枯复生。”

1. 零陵：郡名，治所在今广西壮族自治区全州县西南。

◎

哀帝建平四年四月，山阳[1]方与[2]女子田无啬生子。

未生二月前，儿啼腹中。及生，不举[3]，葬之陌上。

后三日，有人过，闻儿啼声。母因掘收养之。

1. 山阳：西汉时置，郡治昌邑，今山东巨野。
2. 方与：县名，在今山东鱼台县。
3. 举：养育。

◎

哀帝建平四年夏，京师郡国民聚会里巷阡陌，设张博具[1]歌舞，祀西王母。

又传书曰："母告百姓：佩此书者不死。不信我言，视门枢[2]下，当有白发。"

至秋乃止。

1. 博具：六博等博戏用具。
2. 门枢：门上的转轴。

◎

哀帝建平中，豫章有男子化为女子，嫁为人妇，生一子。

长安陈凤曰："阳变为阴，将亡继嗣，自相生之象。"一曰：

“嫁为人妇，生一子者，将复一世，乃绝。”

故后哀帝崩，平帝没，而王莽篡焉。

◎

汉平帝元始元年二月，朔方[1]广牧[2]女子赵春病死。既棺殓，积七日，出在棺外，自言见夫死父。曰：“年二十七，汝不当死。”

太守谭[3]以闻。说曰：“至阴为阳，下人为上。厥妖人死复生。”

其后，王莽篡位。

1. 朔方：西汉时置郡，治所在今内蒙古自治区杭锦旗北。
2. 广牧：县名，在今内蒙古五原县一带。
3. 谭：同“谈”，谈论。

◎

汉平帝元始元年六月，长安有女子生儿：两头两颈，面俱相向，四臂共胸，俱前向，尻(kāo)[1]上有目，长二寸所。

京房《易传》曰：“‘睽(kuí)孤，见豕负涂。’厥妖人生两头，下相攘。善妖亦同人。若六畜，首目在下，兹谓亡上，政将变更。厥妖之作，以谴失正，各象其类。两颈，下不一也；手多，所任邪也；足少，下不胜任，或不任下也。凡下体生于上，不敬也；上体生于下，媟(xiè)渎[2]也。生非其类，淫乱也；人生而大，上速成也；生而能言，好虚也。群妖推此类。不改，乃成凶也。”

1. 尻：脊骨末端，指屁股。
2. 媟渎：轻慢，亵狎。

◎

汉章帝元和元年[1]，代郡[2]高柳[3]乌生子，三足，大如鸡，色赤，头有角，长寸余。

1. 汉章帝元和元年：汉章帝刘炟，东汉第三个皇帝。元和是汉章帝第二个年号，公元 84—87 年。
2. 代郡：郡名，战国时赵武灵王置。汉初为代国，后改国为郡，东汉时移郡治高柳。

3. 高柳：代郡治所，故城在今山西阳高西北。

◎

汉桓帝[1]即位，有大蛇见德阳殿[2]上。

洛阳市令淳于翼曰："蛇有鳞，甲兵之象也。见于省中，将有椒房大臣[3]受甲兵之象也。"乃弃官遁去。

到延熹二年[4]，诛大将军梁冀[5]，捕治家属，扬兵京师也。

1. 汉桓帝：汉章帝曾孙刘志。在位初期，梁太后临朝听政，外戚梁冀掌握大权。后桓帝依靠宦官诛杀梁冀，大权落入宦官之手。由于宦官党同伐异，又引起官僚士大夫不满，一批官僚士大夫因舆论而遭禁锢、诛杀，史称"党锢之祸"。
2. 德阳殿：东汉宫殿名。
3. 椒房大臣：指皇后之亲。西汉有椒房殿，是皇后居住的宫殿。
4. 延熹二年：即公元 159 年。延熹是汉桓帝第六个年号，公元 158—167 年。
5. 梁冀：字伯卓，其两妹为顺帝、桓帝皇后，梁冀因此以外戚身份掌大权。后来桓帝灭梁氏，梁冀及其夫人自杀。

◎

汉桓帝建和三年[1]秋七月，北地[2]廉雨肉，似羊肋，或大如手。

是时梁太后[3]摄政，梁冀专权，擅杀，诛太尉李固、杜乔[4]，天下冤之。

其后，梁氏诛灭。

1. 建和三年：即公元149年。建和是汉桓帝第一个年号，公元147—149年。
2. 北地：郡名，治所义渠，辖地大致在今陕西、甘肃、宁夏一带。
3. 梁太后：汉顺帝皇后，梁冀之妹。顺帝崩，立汉冲帝刘炳，梁太后临朝听政。
4. 李固、杜乔：皆东汉大臣，因不附梁冀而被杀。

◎

汉桓帝元嘉[1]中，京都妇女作愁眉、啼妆、堕马髻、折腰步、龋(qǔ)齿笑[2]。

愁眉者，细而曲折。啼妆者，薄拭目下若啼处。堕马髻者，作一边。折腰步者，足不在下体。龋齿笑者，若齿痛，乐不欣欣。始自大将军梁冀妻孙寿所为，京都翕然[3]，诸夏效之。

天戒若曰：兵马将往收捕，妇女忧愁，踧眉[4]啼哭；吏卒掣顿，折其腰脊，令髻邪倾；虽强语笑，无复气味也。

到延熹二年，冀举宗合诛。

1. 元嘉：汉桓帝第三个年号，公元 151—153 年。
2. 龋齿笑：指状若齿痛、做作的笑容。
3. 翕然：一致的样子。
4. 踧眉：蹙眉，“踧”通“蹙”。

◎

桓帝延熹五年，临沅县有牛生鸡，两头四足。

◎

汉灵帝[1]数游戏于西园中，令后宫采女[2]为客舍主人，身为估服[3]，行至舍，问采女下酒食，因共饮食，以为戏乐。是天子将欲失位，降在皂隶[4]之谣也。

其后天下大乱。古志有曰：“赤厄[5]三七。”三七者，经二百一十载，当有外戚之篡，丹眉之妖。篡盗短祚，极于三六，当有飞龙之秀，兴复祖宗。又历三七，当复有黄首之妖，天下大乱矣。

自高祖建业，至于平帝之末，二百一十年，而王莽篡，盖因母后之亲。十八年而山东贼樊子都[6]等起，实丹其眉，故天下号曰“赤眉”。于是光武以兴祚，其名曰秀。

至于灵帝中平元年，而张角[7]起，置三十六方，徒众数十万，皆是黄巾，故天下号曰“黄巾贼”。至今道服，由此而兴。初起于邺，会于真定，诳惑百姓曰：“苍天已死，黄天立。岁名甲子年，天下大吉。”起于邺者，天下始业也，会于真定也。小民[8]相向跪拜趋信，荆、扬尤甚。乃弃财产，流沉道路，死者无数。角等初以二月起兵，其冬十二月悉破。

自光武中兴至黄巾之起，未盈二百一十年，而天下大乱。汉祚废绝，实应三七之运。

1. 汉灵帝：即刘宏，东汉第十二位皇帝。在位期间荒淫无度，肆意享乐。
2. 采女：宫女的统称。
3. 估服：商人穿的衣服。
4. 皂隶：奴仆、差役。
5. 赤厄：指汉朝的厄运。汉朝为火德，火色赤，故称。
6. 樊子都：即樊崇，西汉末年农民起义领袖，赤眉军首领，后被刘秀所灭。
7. 张角：冀州巨鹿（今河北平乡西南）人，东汉末年农民起义军

"黄巾军"首领。修太平道，以教义组织民众，后被镇压。

8. 小民：普通民众。

◎

灵帝建宁[1]中，男子之衣好为长服，而下甚短；女子好为长裾(jū)[2]，而上甚短。

是阳无下而阴无上，天下未欲平也。后遂大乱。

1. 建宁：汉灵帝第一个年号，公元168—172年。
2. 长裾：长衣。

◎

灵帝建宁三年春，河内有妇食夫，河南有夫食妇。夫妇阴阳二仪，有情之深者也。今反相食，阴阳相侵，岂特日月之眚(shěng)[1]哉？

灵帝既没，天下大乱，君有妄诛之暴，臣有劫弑之逆，兵革相残，骨肉为仇，生民之祸极矣。故人妖为之先作。而恨不遭辛有[2]、屠黍[3]之论，以测其情也。

1. 眚：本意为眼睛上长膜，此处指日食或月食。
2. 辛有：周大夫。
3. 屠黍：晋国太史，晋乱而投奔周国。晋国末年，曾准确地预言了晋国的灭亡。

◎

灵帝熹平二年六月，雒(luò)阳[1]民讹言：虎贲(bēn)寺[2]东壁中有黄人，形容须眉良是。观者数万，省内悉出，道路断绝。

到中平元年[3]二月，张角兄弟起兵冀州，自号"黄天"。三十六方，四面出和。将帅星布，吏士外属。因其疲餧(něi)[4]牵而胜之。

1. 雒阳：即洛阳。
2. 虎贲寺：洛阳寺院名。
3. 中平元年：即公元184年。中平是汉灵帝第四个年号，公元184—189年。
4. 餧：同"馁"，饥饿。

◎

灵帝熹平三年，右校[1]别作[2]中有两樗树，皆高四尺许。其一株宿昔暴长，长一丈余，粗大一围，作胡人状，头目鬓须发俱具。其五年十月壬午，正殿侧有槐树，皆六七围，自拔，倒竖，根上枝下。

又中平中，长安城西北六七里空树中有人面，生鬓。

其于《洪范》皆为木不曲直。

1. 右校：官署名，掌工徒，负责修建宗庙、宫殿、陵园等。
2. 别作：附属的作坊。

◎

灵帝光和元年[1]，南宫侍中[2]寺[3]雌鸡欲化为雄，一身毛皆似雄，但头冠尚未变。

1. 光和元年：即公元 178 年。光和是汉灵帝第三个年号，公元 178—184 年。
2. 侍中：官职名。因侍从皇帝左右，出入宫廷，又可以听闻朝政，后逐渐变为亲信贵重之职。
3. 寺：官舍。

◎

灵帝光和二年，洛阳上西门外女子生儿：两头，异肩，共胸，俱前向。以为不祥，堕地，弃之。

自是之后，朝廷霿乱，政在私门，上下无别，二头之象。

后董卓戮太后[1]，被以不孝之名，放废天子，后复害之。汉元以来，祸莫逾此。

1. 董卓戮太后：董卓，字仲颖，陇西郡临洮县（今甘肃岷县）人，东汉权臣。受辅政大将军何进召，进朝诛杀宦官。事泄，何进被杀，董卓迎少帝，由此掌握朝中大权。后董卓废汉少帝刘辩，更立汉献帝刘协，复又借故杀少帝。董卓又以何太后违背妇姑之礼，迫害永乐太后为由，用鸩(zhèn)酒杀了何太后。

◎

光和四年，南宫[1]中黄门[2]寺有一男子，长九尺，服白衣。

中黄门解步呵问："汝何等人？白衣妄入宫掖[3]。"曰："我梁伯夏后，天使我为天子。"

步欲前收之，因忽不见。

1. 南宫：宫殿名，后被袁术放火烧毁。
2. 中黄门：指在宫廷服役的太监。

3. 宫掖：宫廷，皇宫。

◎

光和七年，陈留[1]济阳、长垣，济阴[2]，东郡[3]，冤句[4]，离狐[5]界中，路边生草，悉作人状，操持兵弩；牛马龙蛇鸟兽之形，白黑各如其色，羽毛、头目、足翅皆备，非但仿佛，像之尤纯。旧说曰："近草妖也。"是岁有黄巾贼起，汉遂微弱。

1. 陈留：汉武帝置郡，济阳、长垣为其属地。
2. 济阴：汉武帝改定陶国为济阴郡，治所在今山东定陶。
3. 东郡：秦时置，治所在今河南濮阳。
4. 冤句：古县名，被黄河水患所毁，故址无存。
5. 离狐：古县名，在今山东菏泽牡丹区西北。

◎

灵帝中平元年六月壬申，雒阳男子刘仓，居上西门外，妻生男，两头共身。

至建安[1]中，女子生男，亦两头共身。

1. 建安：汉献帝第三个年号，公元 196—220 年。

◎

中平三年八月中，怀陵[1]上有万余雀，先极悲鸣，已因乱斗，相杀，皆断头悬着树枝枳(zhǐ)棘[2]。

到六年，灵帝崩。

夫陵者，高大之象也。雀者，爵也。天戒若曰："诸怀爵禄而尊厚者，还自相害，至灭亡也。"

1. 怀陵：东汉帝陵之一，汉冲帝刘炳的陵墓，在今河南洛阳境内。
2. 枳棘：指枳木与棘木，恶木，多刺。常用于比喻恶人或小人。

◎

汉时，京师宾婚嘉会，皆作魁櫑(lěi)[1]，酒酣之后，续以挽歌。魁櫑，丧家之乐；挽歌，执绋(fú)[2]相偶和之者。天戒若曰："国家当急殄悴[3]，诸贵乐皆死亡也。”

自灵帝崩后，京师坏灭，户有兼尸虫而相食者，魁櫑、挽歌，斯之效乎？

1. 魁櫑：本为丧家之乐，后演变为木偶戏。
2. 绋：引棺的绳索。
3. 殄悴：困苦。

◎

灵帝之末，京师谣言曰：“侯非侯，王非王。千乘万骑上北邙[1]。”

到中平六年，史侯[2]登蹑至尊，献帝未有爵号，为中常侍段珪等所执，公卿百僚，皆随其后，到河上，乃得还。

1. 北邙：山名，在洛阳之北，山上多古墓。唐王建《北邙行》诗云：“北邙山头少闲土，尽是洛阳人旧墓。”
2. 史侯：即汉少帝刘辩，出生后养在史姓道人家中，故称。

◎

汉献帝[1]初平[2]中，长沙有人姓桓氏，死，棺殓月余。其母闻棺中有声，发之，遂生。

占曰："至阴为阳，下人为上。"

其后曹公[3]由庶士起。

1. 汉献帝：即刘协。汉灵帝刘宏次子，汉少帝刘辩异母弟。东汉末代皇帝。
2. 初平：汉献帝第一个年号，公元 190—193 年。
3. 曹公：即曹操。

◎

献帝建安七年，越嶲（xī）[1]有男子化为女子。

时周群[2]上言："哀帝时亦有此变，将有易代之事。"

至二十五年，献帝封山阳公[3]。

1. 越嶲：郡名，汉置，治所在今四川西昌东南。
2. 周群：先仕刘璋，后为蜀汉儒林校尉。
3. 献帝封山阳公：建安二十五年，献帝逊位，曹丕称天子，汉献帝被废为山阳公。

◎

建安初，荆州童谣曰:“八九年间始欲衰，至十三年无孑遗。”

言自中兴[1]以来，荆州独全。及刘表[2]为牧，民又丰乐，至建安九年，当始衰。始衰者，谓刘表妻死，诸将并零落也。十三年无孑遗者，表当又死，因以丧败也。

是时华容[3]有女子，忽啼呼曰:“将有大丧。”言语过差，县以为妖言，系狱。月余，忽于狱中哭曰:“刘荆州今日死。”华容去州数百里，即遣马里验视，而刘表果死。县乃出之。

续又歌吟曰:“不意李立为贵人。”后无几，曹公平荆州，以涿郡李立字建贤为荆州刺史。

1. 中兴:指汉光武帝刘秀重建刘汉政权。
2. 刘表:字景升，汉室宗亲，任荆州牧。牧，州郡长官。
3. 华容:汉时置华容县，治所在今湖北潜江西南。

◎

建安二十五年正月，魏武[1]在洛阳起建始殿，伐濯龙[2]树而血出。又掘徒梨，根伤而血出。

魏武恶之，遂寝疾，是月崩。

是岁，为魏文黄初元年[3]。

1. 魏武：指曹操。曹丕称帝之后，追尊其父曹操为魏武帝。
2. 濯龙：汉代宫苑名，在洛阳西南角。
3. 黄初元年：即公元220年。黄初，魏文帝曹丕的年号，公元220—226年。

◎

魏黄初元年，未央宫中有鹰生燕巢中，口爪俱赤。至青龙[1]中，明帝为凌霄阁，始搆（gòu）[2]，有鹊巢其上。

帝以问高堂隆[3]，对曰："《诗》云：'惟鹊有巢，惟鸠居之。'今兴起宫室，而鹊来巢，此宫室未成，身不得居之象也。"

1. 青龙：魏明帝曹叡年号。
2. 搆：同"构"，建造。
3. 高堂隆：字升平，泰山郡东平阳县（今山东新泰）人。最初任泰山督邮，后任陈留太守、散骑常侍，赐爵关内侯。

◎

魏齐王[1]嘉平初，白马河[2]出妖马，夜过官牧边鸣呼，众马皆应。

明日，见其迹，大如斛(hú)[3]，行数里，还入河。

1. 魏齐王：即曹芳，魏明帝曹叡养子，曹魏政权的第三位皇帝。曹芳继位之后，司马懿与大司马曹爽辅政。曹爽后被司马懿诛杀，曹魏大权遂独落于司马懿之手。嘉平六年（公元 254 年），曹芳被逼退位，到齐国居住。后被封为邵陵公。
2. 白马河：在今河北饶阳县南。
3. 斛：古代容器。

◎

魏景初元年[1]，有燕生巨鷇[2]于卫国李盖家，形若鹰，吻似燕。

高堂隆曰："此魏室之大异，宜防鹰扬之臣，于萧墙之内。"

其后宣帝[3]起，诛曹爽，遂有魏室。

1. 景初元年：即公元 237 年。景初是魏明帝曹叡年号，公元 237—239 年。
2. 鷇：雏鸟。
3. 宣帝：司马懿，字仲达，河内郡温县（今河南温县）人。公元 265 年司马炎迫魏元帝曹奂禅位，自己即位称帝，追尊司马懿为晋宣帝。

◎

蜀景耀五年[1]，宫中大树无故自折。谯周[2]深忧之，无所与言，乃书柱曰:“众而大，期之会。具而授，若何复。”

言曹者，众也；魏者，大也。众而大，天下其当会也。具而授，如何复有立者乎。

蜀既亡，咸以周言为验。

1. 景耀五年：即公元 262 年。景耀，蜀汉后主刘禅年号，公元 258—263 年。
2. 谯周：蜀臣，字允南，巴西郡西充（今四川阆中西南一带）人。蜀汉学者，曾反对姜维北伐，魏入侵蜀地后，劝刘禅投降。治《尚书》，兼通诸经及图、纬。后劝刘禅投降，降魏后，封阳城亭侯。

◎

吴孙权太元元年[1]八月朔[2]，大风。江海涌溢，平地水深八尺。拔高陵[3]树二千株，石碑差动。吴城两门飞落。

明年权死。

1. 太元元年：即公元 251 年。太元，三国吴孙权年号，公元 251—252 年。

2. 朔：农历每月初一。

3. 高陵：此处指孙坚墓，在今江苏丹阳西。

◎

吴孙亮五凤元年[1]六月，交趾稗草[2]化为稻。

昔三苗将亡，五谷变种。此草妖也。其后亮废。

1. 五凤元年：即公元254年。五凤，三国吴孙亮年号，公元254—256年。

2. 稗草：一种常见的田间杂草。

◎

吴孙亮五凤二年五月，阳羡县离里山大石自立。

是时孙皓[1]承废故之家，得复其位之应也。

1. 孙皓：东吴末代皇帝。在位初期施行明政，后耽于酒色，暴虐嗜杀。后降晋，封归命侯。

◎

吴孙休永安四年[1]，安吴[2]民陈焦死七日，复生，穿冢出。乌程[3]孙皓承废故之家得位之祥也。

1. 永安四年：即公元261年。永安，三国吴帝孙休年号，公元258—264年。孙休：孙权第六子，初封琅琊王。后孙綝兵变，黜孙亮为会稽王，迎立孙休为帝。
2. 安吴：县名，由孙权设立，治所在今安徽泾县西南一带。
3. 乌程：地名，曾为吴兴郡治所。孙休为帝时，封孙皓为乌程侯。

◎

孙休后，衣服之制，上长下短，又积领五六，而裳居一二。

盖上饶奢，下俭逼，上有余，下不足之象也。

# 卷七

◎

初，汉元、成之世，先识之士有言曰："魏年有和，当有开石于西三千余里，系五马，文曰：'大讨曹。'"

及魏之初兴也，张掖之柳谷有开石焉。始见于建安，形成于黄初，文备于太和。周围七寻[1]，中高一仞[2]，苍质素章，龙、马、麟、鹿、凤凰、仙人之象，粲然咸著。此一事者，魏、晋代兴之符也。

至晋泰始三年[3]，张掖太守焦胜上言："以留郡本国图校今石文，文字多少不同。谨具图上。"

案其文有五马象：其一有人平上帻(zé)[4]，执戟而乘之；其一有若马形而不成，其字有"金"，有"中"，有"大司马"，有"王"，有"大吉"，有"正"，有"开寿"；其一成行，曰"金当取之"。

1. 寻：古代长度单位，八尺为一寻。
2. 仞：古代长度单位，七尺或八尺为一仞。
3. 泰始三年：即公元 267 年。泰始，晋武帝司马炎的年号，公元 265—274 年。公元 265 年，司马炎迫魏元帝曹奂禅位，自己即皇帝位，改国号为晋。
4. 帻：一种古代的头巾。

◎

晋武帝泰始初，衣服上俭，下丰，着衣者皆厌腰[1]。此君衰弱，臣放纵之象也。

至元康[2]末，妇人出两裆[3]，加乎交领之上。此内出外也。为车乘者，苟贵轻细，又数变易其形，皆以白篾为纯(zhǔn)[4]。盖古丧车之遗象。

晋之祸征也。

1. 厌腰：束腰。
2. 元康：晋惠帝司马衷年号。
3. 两裆：即两裆衫，古时的短袖，类似现在的背心。
4. 纯：古代衣帽的镶边，此处指车的边缘。

◎

胡床、貊(mò)盘[1]，翟[2]之器也。羌煮[3]、貊炙，翟之食也。

自太始以来，中国尚[4]之。贵人富室，必畜其器。吉享嘉宾，皆以为先。

戎翟侵中国之前兆也。

1. 貊盘：古代貊族人盛食物用的盘子。貊，我国古代北部一个少数民族。

2. 翟：通“狄”，古代北部少数民族。
3. 羌煮：古代西北少数民族的一种食物。
4. 尚：崇尚。

◎

晋太康四年[1]，会稽郡蟛蚑(péng qí)[2]及蟹，皆化为鼠。其众覆野，大食稻，为灾。

始成，有毛肉而无骨，其行不能过田塍(chéng)[3]。数日之后，则皆为牝[4]。

1. 太康四年：即公元 283 年。太康，晋武帝年号。
2. 蟛蚑：也作“蟛蜞”。一种淡水蟹，体小，红色，学名相手蟹。
3. 塍：也作“堘”“塖”，田埂。
4. 牝：本义是雌性的动物。

◎

太康五年正月，二龙见武库井中。武库者，帝王威御之器，所宝藏也；屋宇邃[1]密，非龙所处。

是后七年，藩王相害[2]。二十八年，果有二胡[3]僭(jiàn)窃神器，皆字曰龙。

1. 邃：深，远。
2. 藩王相害：指八王之乱。
3. 二胡：即指羯族石勒、石虎叔侄二人。石勒，字世龙；石虎，字季龙，所以下文有“皆字曰龙”。石勒于公元 319 年建立后赵。

◎

晋武帝太康六年，南阳获两足虎。虎者，阴精而居乎阳，金兽也。南阳，火名也。金精入火，而失其形，王室乱之妖也。

其七年十一月丙辰，四角兽见于河间[1]。天戒若曰：“角，兵象也。四者，四方之象。当有兵革起于四方。”

后河间王遂连四方之兵，作为乱阶。

1. 河间：郡国名。河间郡式，今河北河间一带。

◎

太康九年，幽州[1]塞北有死牛头语。

时帝多疾病，深以后事为念，而付托不以至公，思瞀(mào)乱[2]之应也。

1. 幽州：古九州之一，其范围在不同历史时期有变化，核心区域在今北京一带。
2. 瞀乱：昏乱，精神错乱。

◎

太康中，有鲤鱼二枚，现武库屋上。

武库，兵府；鱼有鳞甲，亦是兵之类也。鱼既极阴，屋上太阳，鱼现屋上，象至阴以兵革之祸干太阳也。

及惠帝初，诛皇后父杨骏[1]，矢交宫阙，废后为庶人，死于幽宫。

元康之末，而贾后[2]专制，谤杀太子，寻亦诛废。

十年之间，母后之难再兴，是其应也。自是祸乱构矣。

京房《易妖》曰："鱼去水，飞入道路，兵且作。"

1. 杨骏：字文长，弘农华阴（今陕西华阴）人。晋武帝杨皇后之父，因皇后故，被委以重任，封临晋侯。晋武帝病重时，杨骏操弄权术辅政，后在政变中被杀。

2. 贾后：晋惠帝皇后贾南风，貌丑而善妒，因惠帝软懦而干预朝政，设计诛杀杨骏，废太子司马遹（yù），后被司马伦矫诏赐死。

◎

初作屐者：妇人圆头，男子方头。盖作意欲别男女也。

至太康中，妇人皆方头屐，与男无异。此贾后专妒之征也。

◎

晋时，妇人结发者，既成，以缯[1]急束其环，名曰“撷子髻”。始自宫中，天下翕然化之也。

其末年，遂有愍怀之事[2]。

1. 缯：丝织品的总称。
2. 愍怀之事：愍怀太子，名遹，晋武帝司马炎之孙，晋惠帝司马衷之子，被册立太子后不久即为贾后设计陷害，废为庶人。

◎

太康中，天下为《晋世宁》之舞。其舞，抑手以执杯盘，而反复之。歌曰："晋世宁舞，杯盘反复。"至危也。

杯盘，酒器也，而名曰"晋世宁"者，言时人苟且饮食之间，而其智不可及远，如器在手也。

◎

太康中，天下以毡为絔(mò)头[1]及络带、裤(kù)[2]口。于是百姓咸相戏曰："中国其必为胡所破也。"

夫毡，胡之所产者也，而天下以为絔头、带身、裤口，胡既三制之矣，能无败乎？

1. 絔头：头巾。絔，古同"帞(mò)"。
2. 裤：古代的一种套裤。

◎

太康末，京洛为《折杨柳》[1]之歌。其曲始有兵革苦辛之辞，终以擒获斩截之事。

自后杨骏被诛，太后幽死，《杨柳》之应也。

1.《折杨柳》：古《横吹曲》名，晋时多言兵事劳苦，后来多为伤春惜别之词，而怀念征人之作尤多。

◎

晋武帝太熙元年，辽东有马生角，在两耳下，长三寸。

及帝晏驾[1]，王室毒于兵祸。

1. 晏驾：古代对帝王死亡的委婉说辞。

◎

晋惠帝元康中，妇人之饰有五佩兵。又以金、银、象角、玳瑁之属，为斧、钺（yuè）[1]、戈、戟而载之，以当笄（jī）[2]。

男女之别，国之大节，故服食异等。今妇人而以兵器为饰，盖妖之甚者也。

于是遂有贾后之事。

1. 钺：古代一种像斧子的兵器。
2. 笄：古代女子盘头发或别住帽子用的簪子。

◎

晋元康三年闰二月，殿前六钟皆出涕，五刻乃止。

前年，贾后杀杨太后于金墉城[1]，而贾后为恶不悛(quān)，故钟出涕，犹伤之也。

1. 金墉城：古城名。三国魏明帝时筑，在洛阳城西北角，今河南孟津一带。魏晋时被废的帝、后，都安置在此。

◎

惠帝之世，京洛有人，一身而男女二体，亦能两用人道，而性尤好淫。

天下兵乱，由男女气乱，而妖形作也。

◎

惠帝元康中，安丰[1]有女子，曰周世宁。

年八岁,渐化为男。至十七八,而气性成。女体化而不尽，男体成而不彻，畜妻而无子。

1. 安丰：古郡名，治所在安风县（今安徽霍邱县西南一带）。

◎

元康五年三月，临淄有大蛇，长十许丈，负二小蛇，入城北门，径从市入汉城阳景王祠[1]中，不见。

1. 景王祠：西汉城阳王刘章的祠庙，位于今山东莒县。刘章灭吕氏有功，汉文帝封其为城阳王。其死后，百姓为其立祠。

◎

元康五年三月，吕县有流血，东西百余步。

其后八载，而封云[1]乱徐州，杀伤数万人。

1. 封云：临淮（今江苏北部）人，西晋末年张昌起义军的将领。

◎

元康七年，霹雳破城南高禖(méi)石。

高禖，宫中求子祠也。贾后妒忌，将杀怀、愍，故天怒贾后将诛之应也。

◎

元康中，天下始相效为乌杖，以柱掖。其后稍施其镦(duì)[1]，住则植之。

及怀、愍之世，王室多故，而中都[2]丧败。

元帝[3]以藩臣树德东方，维持天下，柱掖之应也。

1. 镦：同“镎”，古代武器矛和戟柄末端的金属套。
2. 中都：即洛阳。
3. 元帝：即晋元帝司马睿，字景文，河内郡温县（今河南温县）人。晋武帝司马炎从子，东晋开国皇帝。

◎

元康中，贵游子弟相与为散发倮身之饮，对弄婢妾。逆之者伤好，非之者负讥。希世[1]之士，耻不与焉。

胡狄侵中国之萌也。其后遂有二胡之乱。

1．希世：迎合世俗。

◎

惠帝太安元年，丹阳湖熟[1]县夏架湖，有大石浮二百步而登岸。百姓惊叹相告曰："石来。"

寻而石冰[2]入建邺。

1．湖熟：古地名，亦作"胡孰"，县治在今江苏南京。
2．石冰：西晋末张昌起义军领袖。

◎

太安元年四月，有人自云龙门入殿前，北面再拜，曰："我当作中书监。"即收斩之。

禁庭尊秘之处，今贱人竟入，而门卫不觉者，宫室将虚，下人逾上之妖也。

是后帝迁长安[1]，宫阙遂空焉。

1. 帝迁长安：此处指怀帝被掳，继而被杀，晋臣拥立司马邺登基，是为晋愍帝。后刘曜围攻长安，晋愍帝出降，西晋灭亡。

◎

太安中，江夏[1]功曹[2]张骋所乘牛忽言曰："天下方乱，吾甚极为，乘我何之？"骋及从者数人皆惊怖。因绐(dài)[3]之曰："令汝还，勿复言。"

乃中道还。至家，未释驾，又言曰："归何早也？"骋益忧惧，秘而不言。

安陆[4]县有善卜者，骋从之卜。卜者曰："大凶。非一家之祸，天下将有兵起。一郡之内，皆破亡乎！"骋还家，牛又人立而行。百姓聚观。

其秋张昌[5]贼起。先略江夏，诳曜[6]百姓以汉祚复兴，有凤凰之瑞，圣人当世。从军者皆绛抹头，以彰火德之祥，百姓波荡，从乱如归。骋兄弟并为将军都尉。未几而败。于是一郡破残，死伤过半，而骋家族矣。

京房《易妖》曰："牛能言，如其言占吉凶。"

1. 江夏：古郡名，三国时魏吴各置江夏郡，吴江夏为今武汉江夏区一带。晋改吴江夏为武昌。
2. 功曹：官名，为郡守、县令的佐吏。
3. 给：同"诒(dài)"，意思是哄骗、欺骗。
4. 安陆：晋时属江夏郡，今湖北安陆。
5. 张昌：西晋末起义军首领，后被镇压。
6. 诳曜：欺骗迷惑。

◎

元康、太安之间，江、淮之域，有败屩(juē)[1]自聚于道，多者至四五十量。人或散去之，投林草中，明日视之，悉复如故。

或云："见猫衔而聚之。"世之所说："屩者，人之贱服。而当劳辱，下民之象也。败者，疲弊之象也。道者，地里四方所以交通，王命所由往来也。今败屩聚于道者，象下民疲病，将相聚为乱，绝四方而壅(yōng)[2]王命也。"

1. 屩：指草鞋。
2. 壅：堵塞，此处指王命无法传达。

◎

晋惠帝永兴元年，成都王[1]之攻长沙也，反军于邺，分外陈兵。是夜，戟锋皆有火光，遥望如悬烛，就视，则亡焉。其后终以败亡。

1. 成都王：司马颖，字章度，晋武帝第十六子。参与八王之乱，后兵败失势，为人所杀。

◎

晋怀帝永嘉元年，吴郡吴县万详婢，生一子，鸟头，两足，马蹄，一手，无毛，尾黄色，大如碗。

◎

永嘉五年，枹罕(fú hǎn)[1]令严根婢，产一龙，一女，一鹅。京房《易传》曰："人生他物，非人所见者，皆为天下大兵。"时帝承惠帝之后，四海沸腾，寻而陷于平阳，为逆胡所害。

1. 枹罕：古县名，秦置。治所在今甘肃临夏东北一带。

◎

永嘉五年，吴郡嘉兴张林家，有狗忽作人言曰：“天下人俱饿死。”

于是果有二胡之乱，天下饥荒焉。

◎

永嘉五年十一月，有蝘（yǎn）鼠[1]出延陵[2]。

郭璞筮之，遇临之益[3]，曰：“此郡之东县，当有妖人欲称制者，寻亦自死矣。”

1. 蝘鼠：鼹鼠。
2. 延陵：古地名，大约在今江苏常州一带。
3. 临之益：地泽临卦变风雷益卦。“临”“益”皆是《周易》卦名。

◎

永嘉六年正月，无锡县欻（xū）[1]有四枝茱萸树，相樛而生，状若连理。

先是，郭璞筮延陵蝘鼠，遇临之益，曰："后当复有妖树生，若瑞而非，辛螫之木[2]也。傥有此，东西数百里，必有作逆者。"

及此生木，其后吴兴徐馥(fù)作乱，杀太守袁琇[3]。

1. 欻：忽然。
2. 辛螫之木：此处指气味辛辣刺鼻且有刺的树。
3. 杀太守袁琇：袁琇，司马睿幕府僚属，出任吴兴太守，后在任上被叛军所杀。事见《晋书·周处周访传》。

◎

永嘉中，寿春[1]城内有豕生人，两头而不活。

周馥[2]取而观之。识者云："豕，北方畜，胡狄象。两头者，无上也。生而死，不遂也。"

天戒若曰："易生专利之谋，将自致倾覆也。"俄为元帝所败。

1. 寿春：古地名，治今安徽寿春镇一带。
2. 周馥：字祖宣，汝南郡安成县（今河南汝南县）人。晋惠帝时为河南尹。因不受司马越征召，晋元帝命郭逸攻周馥于寿春，周馥兵败潜逃，被新蔡王司马确拘禁，后忧愤而死。

◎

永嘉中，士大夫竞服生笺单衣[1]。

识者怪之，曰：“此古繐(suì)衰[2]之布，诸侯所以服天子也。今无故服之，殆有应乎！”

其后，怀、愍晏驾。

1. 生笺单衣：生笺材质的单衣。此处应指细而疏的麻布。
2. 繐衰：遇诸侯及天子丧事时穿的衣服，居于丧事五服中的“小功”，由熟麻布制成，比“大功”更精细。

◎

昔魏武军中无故作白帢(qià)[1]，此缟素凶丧之征也。

初，横缝其前以别后，名之曰“颜帢”，传行之。至永嘉之间，稍去其缝，名“无颜帢”。而妇人束发，其缓弥甚，紒(jì)[2]之坚不能自立，发被于额，目出而已。

无颜者，愧之言也。覆额者，惭之貌也。其缓弥甚者，言天下亡礼与义，放纵情性，及其终极，至于大耻也。

其后二年，永嘉之乱[3]，四海分崩，下人悲难，无颜以生焉。

1. 帢：古代的一种便帽。

2. 紒：发髻。

3. 永嘉之乱：指晋怀帝永嘉五年（公元 311 年），匈奴刘聪率兵攻破晋都洛阳，掳走晋怀帝的一场祸乱。

◎

晋愍帝建兴四年，西都倾覆[1]，元皇帝始为晋王，四海宅心[2]。

其年十月二十二日，新蔡[3]县吏任乔妻胡氏年二十五，产二女，相向，腹心合，自腰以上，脐以下，各分。此盖天下未一之妖也。

时内史[4]吕会上言："按《瑞应图》[5]云：'异根同体，谓之连理。异亩同颖[6]，谓之嘉禾。'草木之属，犹以为瑞；今二人同心，天垂灵象。故《易》云：'二人同心，其利断金。'休显[7]见生于陕东之中，盖四海同心之瑞。不胜喜跃，谨画图上。"

时有识者哂[8]之。君子曰："知之难也。以臧文仲[9]之才，犹祀爰居[10]焉。布在方册，千载不忘。故士不可以不学。古人有言：'木无枝谓之瘣（huì）[11]，人不学谓之瞽（gǔ）[12]。'当其所蔽，盖阙如也。可不勉乎？"

1. 西都倾覆：指晋愍帝建兴四年（公元 316 年），刘曜围攻京师，晋愍帝出降，后被刘聪杀害，西晋因此灭亡。

2. 宅心：此处指归心，心悦诚服而归附。

3. 新蔡：秦置县名，即今河南新蔡县。

4. 内史：官名，诸侯之官，掌治国人。

5.《瑞应图》：应是古代谶纬之类的图籍，有宋代版本存世。

6. 颖：谷穗。

7. 休显：同“休明”，古代多用来赞美统治者。

8. 哂：讥笑。

9. 臧文仲：春秋时期鲁大夫，有贤名。

10. 爰居：某种海鸟的名字，详见《左传·文公二年》，亦见《国语·鲁语》。

11. 瘣：此处指树木瘿(yǐng)肿，枝叶不荣。

12. 瞽：此处指盲人。

◎

晋元帝建武[1]元年六月，扬州大旱；十二月，河东地震。

去年十二月，斩督运令史[2]淳于伯，血逆流上柱二丈三尺，旋复下深四尺五寸。

是时淳于伯冤死，遂频旱三年。刑罚妄加，群阴不附，则阳气胜之。罚，又冤气之应也。

1. 建武：晋元帝司马睿年号，公元317—318年。
2. 督运令史：官名，晋时督管漕运的官。

◎

晋元帝建武元年七月，晋陵[1]东门有牛生犊，一体两头。

京房《易传》曰："牛生子，二首，一身，天下将分之象也。"

1. 晋陵：古地名，西晋末，改毗陵为晋陵县，后改晋陵郡，即今江苏常州一带。

◎

元帝太兴元年四月，西平[1]地震，涌水出。十二月，庐陵[2]、豫章、武昌、西陵[3]地震，涌水出，山崩。

此王敦[4]陵上之应也。

1. 西平：郡名。东晋置，治所在西平县（今广西西林县东南一带）。
2. 庐陵：郡名。东汉时，孙策分豫章郡为庐陵郡，郡治多有迁移，治所在今江西吉安市一带。

3. 西陵：郡名，即夷陵郡，治所在今湖北宜昌一带。

4. 王敦：字处仲，琅琊临沂（今山东临沂）人。出身王氏一族，位高权重，后来发动政变，病死。

◎

太兴元年三月，武昌太守王谅，有牛生子，两头，八足，两尾，共一腹。不能自生，十余人以绳引之。子死，母活。

其三年后，苑中有牛生子，一足三尾。生而即死。

◎

太兴二年，丹阳郡吏濮阳演马生驹，两头，自项前别。生而死。

此政在私门，二头之象也。其后王敦陵上。

◎

太兴初，有女子其阴在腹，当脐下。自中国来，至江东。其性淫而不产。又有女子，阴在首，居在扬州，亦性好淫。

京房《易妖》曰:“人生子，阴在首，则天下大乱;若在腹，则天下有事;若在背，则天下无后。”

◎

太兴中，王敦镇武昌。

武昌灾，火起，兴众救之，救于此，而发于彼。东西南北数十处俱应，数日不绝。旧说所谓“滥灾妄起，虽兴师不能救之”之谓也。

此臣而行君，亢阳失节。是时王敦陵上，有无君之心，故灾也。

◎

太兴中，兵士以绛囊缚紒。

识者曰："紒在首，为乾，君道也；囊者，为坤，臣道也。今以朱囊缚紒，臣道侵君之象也。为衣者，上带短，才至于掖；着帽者，又以带缚项，下逼上，上无地也。为袴者，直幅，无口，无杀，下大之象也。"

寻[1]而王敦谋逆，再攻京师。

1. 寻：不久。

◎

太兴四年，王敦在武昌，铃下仪仗生花，如莲花，五六日而萎落。

说曰："《易》说：'枯杨生花，何可久也。'今狂花[1]生枯木，又在铃阁[2]之间，言威仪之富、荣华之盛，皆如狂花之发，不可久也。"

其后王敦终以逆，命加戮其尸。

1. 狂花：不按时序而开的花。
2. 铃阁：亦作铃合，古代将帅或州郡长官办事的地方。

◎

旧为羽扇柄者，刻木象其骨形，列羽用十，取全数也。初，王敦南征，始改为长柄，下出，可捉。而减其羽，用八。

识者尤之曰："夫羽扇，翼之名也。创为长柄，将执其柄以制其羽翼也。改十为八，将未备夺已备也。此殆敦之擅权，以制朝廷之柄，又将以无德之材，欲窃非据[1]也。"

1. 非据：指德不配位，非其所能居的职位或地位。

◎

晋明帝[1]太宁[2]初，武昌有大蛇，常居故神祠空树中，每出头从人受食。

京房《易传》曰："蛇见于邑，不出三年，有大兵，国有大忧。"寻有王敦之逆。

1. 晋明帝：司马绍，字道畿。东晋的第二位君主。在位期间，成功制衡权臣世家，推动社会安定发展。
2. 太宁：晋明帝司马绍年号，公元323—326年。

卷八

◎

虞舜耕于历山，得玉历[1]于河际之岩。舜知天命在己，体道不倦。舜，龙颜大口，手握褒。

宋均[2]注曰："握褒，手中有'褒'字，喻从劳苦受褒饬(chì)致大祚也。"

1. 玉历：历书。引申为正朔，又引申为历数、国运。古代王朝更换，非常重视正朔。《史记·历书》云："王者易姓受命，必慎始初，改正朔，易服色，推本天元，顺承厥意。"
2. 宋均：字叔痒，东汉末年南阳人。经学家，经学大师郑玄的弟子。

◎

汤[1]既克夏，大旱七年，洛川竭。汤乃以身祷于桑林，剪其爪、发，自以为牺牲[2]，祈福于上帝。

于是大雨即至，洽于四海。

1. 汤：商族的首领，后起兵灭夏，成为商朝开国君主。
2. 牺牲：供祭祀用的祭品。

◎

吕望[1]钓于渭阳[2]。

文王出游猎，占曰："今日猎得一狩，非龙，非螭（chī）[3]，非熊，非罴（pí）[4]。合得帝王师。"

果得太公于渭之阳，与语，大悦，同车载而还。

1. 吕望：姜太公。姜姓，吕氏，名尚，又名望，字子牙，后世称姜子牙、姜太公。辅佐周文王、周武王灭商立周，后被封于齐，为诸侯国齐之始祖。
2. 渭阳：渭水之北。阳，山南或水北为阳。
3. 螭：中国上古神话传说中一种没有角的龙。
4. 罴：熊的一种，也叫马熊或人熊。

◎

武王[1]伐纣[2]，至河上。雨甚，疾雷，晦冥，扬波于河。众甚惧。

武王曰："余在天下，谁敢干余者？"风波立济。

1. 武王：周武王姬发，周文王之子，周朝开国君主。
2. 纣：商纣王帝辛，商朝最后一位君主。

◎

鲁哀公十四年，孔子夜梦三槐之间[1]，丰、沛之邦，有赤氤(yīn)[2]气起，乃呼颜回、子夏同往观之。

驱车到楚西北范氏街，见刍儿打麟，伤其左前足，束薪而覆之。

孔子曰："儿来！汝姓为谁？"儿曰："吾姓为赤松，名时乔，字受纪。"孔子曰："汝岂有所见乎？"儿曰："吾所见一禽，如麕(jūn)[3]，羊头，头上有角，其末有肉。方以是西走。"孔子曰："天下已有主也，为赤刘，陈、项为辅。五星入井，从岁星。"

儿发薪下麟，示孔子。孔子趋而往，麟向孔子蒙其耳，吐三卷图，广三寸，长八寸，每卷二十四字。其言赤刘当起，曰："周亡，赤气起，火耀兴，玄丘制命，帝卯金[4]。"

1. 三槐之间：指外朝。相传周朝宫廷外有一棵槐树，三公朝天子时，面向三槐而立。后以三槐喻三公。
2. 氤：烟气。
3. 麕：麇，獐子。
4. 卯金：此处代指"劉"字。

◎

孔子修《春秋》，制《孝经》。既成，斋戒，向北辰[1]而拜，告备于天。

天乃洪郁起白雾，摩地，白虹自上而下，化为黄玉，长三尺，上有刻文。孔子跪受而读之，曰：“宝文出，刘季[2]握。卯金刀，在轸[3]北。字禾子[4]，天下服。”

1. 北辰：北极星。
2. 刘季：汉高祖刘邦，字季，因此又称刘季。
3. 轸：二十八星宿之一，在东南方。
4. 禾子：“季”字拆开即“禾子”，指刘邦。

◎

秦穆公时，陈仓[1]人掘地，得物，若羊非羊，若猪非猪。牵以献穆公。道逢二童子。童子曰：“此名为媪(ǎo)。常在地食死人脑。若欲杀之，以柏插其首。”媪曰：“彼二童子，名为陈宝。得雄者王，得雌者伯。”

陈仓人舍媪逐二童子，童子化为雉(zhì)，飞入平林。陈仓人告穆公，穆公发徒大猎，果得其雌。又化为石，置之汧(qiān)[2]、渭之间。

至文公时，为立祠陈宝。其雄者飞至南阳。今南阳雉县，是其地也。秦欲表其符，故以名县。

每陈仓祠时有赤光，长十余丈，从雉县来，入陈仓祠中，有声殷殷如雄雉。其后光武起于南阳。

1. 陈仓：古县名，在今陕西宝鸡陈仓区。
2. 汧：汧水，渭水支流，即今天的千河。

◎

宋大夫邢史子臣明于天道。

周敬王之三十七年，景公问曰："天道其何祥？"对曰："后五十年五月丁亥，臣将死。死后五年五月丁卯，吴将亡。亡后五年，君将终。终后四百年，邾(zhū)[1]王天下。"俄而皆如其言所云。

邾王天下者，谓魏之兴也。邾，曹姓，魏亦曹姓，皆邾之后。其年数则错。未知邢史失其数耶？将年代久远，注记者传而有谬也？

1. 邾：春秋时国名，曹姓，在今山东邹城市、滕州市一带。

◎

吴以草创之国，信不坚固，边屯守将，皆质其妻子，名曰“保质”[1]。童子少年以类相与娱游者，日有十数。

孙休永安三年二月，有一异儿，长四尺余，年可六七岁，衣青衣，忽来从群儿戏。诸儿莫之识也，皆问曰：“尔谁家小儿，今日忽来？”答曰：“见尔群戏乐，故来耳！”详而视之，眼有光芒，爚爚(yuè)[2]外射。诸儿畏之，重问其故。儿乃答曰：“尔恐我乎？我非人也，乃荧惑星[3]也，将有以告尔。三公归于司马[4]。”

诸儿大惊，或走告大人，大人驰往观之。儿曰：“舍尔去乎！”耸身而跃，即以化矣。仰而视之，若曳一匹[5]练以登天。大人来者，犹及见焉。飘飘渐高，有顷而没。

时吴政峻急，莫敢宣也。后四年而蜀亡，六年而魏废，二十一年而吴平，是归于司马也。

1. 保质：将戍边战士的妻子儿女作为人质担保。
2. 爚爚：明亮耀眼的样子。
3. 荧惑星：指火星。因隐现不定，令人迷惑，故得名。
4. 三公归于司马：“三公”在古代指朝廷三种最高的官衔，这里指政权将归于司马氏。
5. 匹：量词。用于纺织品或骡马等。

◎

都水马武举戴洋为都水令史[1]，洋请急[2]还乡。将赴洛，梦神人谓之曰:“洛中当败，人尽南渡。后五年，扬州必有天子[3]。”

洋信之，遂不去。既而皆如其梦。

1. 都水:官名，即都水使者，掌管船运。都水令史:都水使者的属官。
2. 请急:请假。晋人称“假”为“急”。
3. 天子:指晋元帝司马睿。当时司马睿担任安东将军，都督扬州江南诸军事。

# 卷九

◎

后汉中兴初，汝南[1]有应妪(yù)者，生四子而寡。昼见神光照社。妪见光,以问卜人。卜人曰:“此天祥也。子孙其兴乎！”

乃探得黄金。自是子孙宦学,并有才名。至玚(yáng)[2],七世通显。

1. 汝南：郡名，相当于今河南平舆北一带。
2. 玚：应玚，东汉末年文学家，“建安七子”之一。

◎

车骑将军[1]巴郡冯绲(gǔn)，字鸿卿，初为议郎。发绶笥[2]，有二赤蛇，可长二尺，分南北走。大用忧怖。

许季山孙宪，字宁方，得其先人秘要。绲请使卜，云:“此吉祥也。君后三岁，当为边将，东北四五里，官以东为名。”

后五年，从大将军南征，居无何，拜尚书郎、辽东太守、南征将军。

1. 车骑将军：古代高级将军官名，西汉汉文帝设。
2. 绶笥：装印绶的箱子。

◎

常山张颢(hào)为梁州[1]牧。

天新雨后，有鸟如山鹊，飞翔入市，忽然坠地。人争取之，化为圆石。颢椎破之，得一金印，文曰："忠孝侯印。"颢以上闻，藏之秘府。

后议郎汝南樊衡夷上言："尧舜时旧有此官。今天降印，宜可复置。"颢后官至太尉。

1. 梁州：州名，三国魏时置，相当于今陕西汉中、重庆及四川东部等地区。

◎

京兆长安有张氏，独处一室，有鸠自外入，止于床。

张氏祝曰："鸠来，为我祸也，飞上承尘；为我福也，即入我怀。"鸠飞入怀。以手探之，则不知鸠之所在，而得一金钩。遂宝之。

自是子孙渐富，资财万倍。

蜀贾至长安，闻之，乃厚赂婢，婢窃钩与贾。张氏既失钩，渐渐衰耗。而蜀贾亦数罹[1]穷厄，不为己利。或告之曰："天命也。不可力求。"

于是赍钩以反张氏，张氏复昌。故关西称张氏传钩云。

1. 罹：遭受。

◎

汉征和三年[1]三月，天大雨。何比干在家，日中，梦贵客车骑满门，觉以语妻。

语未已，而门有老妪，可八十余，头白，求寄避雨。雨甚，而衣不沾渍。

雨止，送至门，乃谓比干曰："公有阴德，今天锡[2]君策，以广公之子孙。"

因出怀中符策，状如简，长九寸，凡九百九十枚，以授比干，曰："子孙佩印绶者，当如此算。"

1. 征和三年：公元前90年。征和，汉武帝年号，公元前92—前89年。
2. 锡：通"赐"。

◎

魏舒，字阳元，任城樊人也。

少孤，尝诣野王[1]，主人妻夜产。俄而闻车马之声，相问曰："男也？女也？"曰："男。书之，十五，以兵死。"复问："寝者为谁？"曰："魏公舒。"

后十五载，诣主人，问所生童何在。曰："因条桑[2]，为斧伤而死。"舒自知当为公矣。

1. 野王：古县名，今河南沁阳。
2. 条桑：采桑。

◎

贾谊为长沙王太傅，四月庚子日，有鹏(fú)鸟[1]飞入其舍，止于坐隅，良久乃去。

谊发书占之，曰："野鸟入室，主人将去。"谊忌之，故作《鹏鸟赋》，齐死生而等祸福，以致命定志焉。

1. 鹏鸟：指猫头鹰一类的鸟，旧时被认为是不祥之鸟。

◎

王莽居摄，东郡太守翟义知其将篡汉，谋举义兵。

兄宣，教授诸生，满堂。群鹅雁数十在中庭，有狗从外入，啮之，皆死。惊救之，皆断头。狗走出门，求不知处。

宣大恶之。数日，莽夷其三族。

◎

魏司马太傅懿平公孙渊[1]，斩渊父子。

先时，渊家数有怪：一犬着冠帻，绛衣，上屋。欻有一儿，蒸死甑(zèng)[2]中。

襄平[3]北市生肉，长围各数尺，有头、目、口喙，无手、足而动摇。

占者曰："有形不成，有体无声，其国灭亡。"

1. 公孙渊：字文懿，三国时辽东郡襄平县（治今辽宁辽阳）人。公孙渊周旋于吴魏之间，初被魏明帝封为辽东太守，后又遣使通孙权。孙权欲封其为燕王，但公孙渊又认为吴国远，不可以依靠，遂杀吴使讨好于魏。于是魏明帝又加封其为乐浪公，官拜大司马。后公孙渊自立为燕王，魏明帝派司马懿征讨，斩公孙渊父子。详见西晋陈寿《三国志·魏书·二公孙陶四张传》。

2. 甑：古代做饭用的一种炊器。

3. 襄平：古县名，治所在今辽宁省辽阳市。

◎

吴诸葛恪(kè)[1]征淮南，归，将朝会之夜，精爽扰动，通夕不寐。严[2]毕趋出，犬衔引其衣。恪曰："犬不欲我行耶？"出，仍入坐。少顷，复起，犬又衔衣。恪令从者逐之。及入，果被杀。

其妻在室，语使婢曰："尔何故血臭？"婢曰："不也。"有顷，愈剧。又问婢曰："汝眼目瞻视，何以不常？"

婢蹶(jué)[3]然起跃，头至于栋，攘臂切齿而言曰："诸葛公乃为孙峻所杀。"

于是大小知恪死矣。而吏兵寻至。

1. 诸葛恪：字元逊，三国时琅琊阳都（今山东沂南）人，诸葛瑾长子。孙权在位时官拜大将军，后孙权病危，诸葛恪被任命为托孤大臣，孙亮即位后受封为太傅。同为托孤大臣的孙峻后与吴主孙亮合谋，诬陷诸葛恪谋反，设计将其诛杀。其传见西晋陈寿《三国志·吴书·诸葛滕二孙濮阳传》。

2. 严：整饬。南朝梁徐凌《玉台新咏·孔雀东南飞》："鸡鸣外欲曙，新妇起严妆。""严妆"意同此。

3. 蹶：急速，急忙。

◎

吴戍将邓喜杀猪祠神，治毕，悬之。

忽见一人头，往食肉。喜引弓射中之，咋咋[1]作声，绕屋三日。

后人白喜谋叛，合门被诛。

1. 咋咋：象声词，形容呼叫声、咬牙声。

◎

贾充[1]伐吴时，常屯项城[2]，军中忽失充所在。充帐下都督周勤时昼寝，梦见百余人，录充引入一径。

勤惊觉，闻失充，乃出寻索。忽睹所梦之道，遂往求之。果见充行至一府舍，侍卫甚盛，府公南面坐，声色甚厉，谓充曰："将乱吾家事者，必尔与荀勖(xù)[3]。既惑吾子，又乱吾孙，间使任恺[4]黜汝而不去，又使庾纯[5]詈(lì)汝而不改。今吴寇当平，汝方表斩张华。汝之暗戆(zhuàng)[6]，皆此类也。若不悛慎，当旦夕加诛。"充叩头流血。

府公曰："汝所以延日月而名器若此者，是卫府之勋耳。终当使系嗣死于钟虡(jù)[7]之间，大子毙于金酒之中，小子困于枯木之下。荀勖亦宜同。然其先德小浓，故在汝后。数世之外，国嗣亦替。”言毕命去。

充忽然得还营，颜色憔悴，性理昏错，经日乃复。至后，谧[8]死于钟下，贾后服金酒而死，贾午考竟[9]用大杖终。皆如所言。

1. 贾充：字公闾，平阳襄陵（今山西临汾市东南）人，曹魏豫州刺史贾逵之子，西晋的开国元勋。司马氏代魏后，任司空、侍中、尚书令等官职。
2. 项城：地名，今河南项城。
3. 荀勖：字公曾，颍阴（今河南许昌）人，西晋律学家。官至尚书令。
4. 任恺：字元褒，西晋东安博昌（今山东博兴南）人。年少多勇，后娶魏明帝曹叡长女，任侍中。晋武帝时，因其有经国才干，多听其对政事的意见。任恺不喜贾充为人，两人势如水火。贾充上谗言于武帝，任恺失志，忧郁而死。
5. 庾纯：字谋甫，西晋颍川鄢陵（今河南鄢陵）人，博学有才艺。
6. 暗戆：愚昧。
7. 虡：悬挂钟、磬的木架。
8. 谧：韩谧，贾充小女贾午的儿子。
9. 考竟：刑讯致死。东汉刘熙《释名·释丧制》云：“狱死曰考竟。考其情，竟其命于狱也。”

◎

庾亮，字文康[1]，鄢陵[2]人，镇荆州。

登厕，忽见厕中一物，如“方相”[3]，两眼尽赤，身有光耀，渐渐从土中出。乃攘臂，以拳击之。应手有声，缩入地。因而寝疾。

术士戴洋曰：“昔苏峻[4]事，公于白石祠中祈福，许赛其牛，从来未解，故为此鬼所考，不可救也。”

明年，亮果亡。

1. 文康：应为庾亮的谥号。庾亮，字元规，东晋颍川鄢陵（今河南鄢陵）人，好谈玄理，历晋元帝、明帝、成帝三朝，官至征西将军，督七州军事。庾亮与晋明帝是布衣之交，其妹为晋明帝皇后。庾亮初引流民首领苏峻平王敦之乱，之后又解苏峻兵权，造成苏峻叛乱。苏峻之乱平后，庾亮意欲北伐，却不得行。后邾城失陷，庾亮抑郁而终。庾亮传见《晋书·列传第四十三》。
2. 鄢陵：古地名，在今河南鄢陵县西北。
3. 方相：古代传说中驱除疫鬼之神，有时也在驱鬼祭仪或人死出丧时在前开路，俗名“险道神”。有四只眼睛，鼓目龇牙，满脸凶相。
4. 苏峻：字子高，东晋长广挺县（今山东莱阳南）人，晋元帝任其为临淮太守，平王敦之乱后封冠军将军、历阳内史。晋明帝死后，外戚庾亮掌权，解苏峻兵权，于是苏峻叛乱。后乱平，苏峻被杀。苏峻传见《晋书·列传第七十》。

◎

东阳[1]刘宠字道弘，居于湖熟。每夜，门庭自有血数升，不知所从来。如此三四。

后宠为折冲将军[2]，见遣北征。将行，而炊饭尽变为虫。其家人蒸炒，亦变为虫。其火愈猛，其虫愈壮。

宠遂北征，军败于坛丘，为徐龛[3]所杀。

1. 东阳：郡名，三国吴置，治所在今浙江金华。
2. 折冲将军：古代将军名。
3. 徐龛：流民统帅，被晋元帝封为泰山太守。

搜神记
卷十

◎

汉和熹邓皇后[1]，尝梦登梯以扪[2]天。体荡荡正清滑，有若钟乳状，乃仰嗡（xī）[3]饮之。

以讯诸占梦。言："尧梦攀天而上，汤梦及天舐之，斯皆圣王之前占也。吉不可言。"

1. 和熹邓皇后：东汉和帝皇后邓绥。南阳新野（今属河南）人。汉和帝突然驾崩后，主幼国危，邓皇后临朝执政。
2. 扪：摸。
3. 嗡：吸。

◎

孙坚[1]夫人吴氏，孕而梦月入怀，已而生策。

及权在孕，又梦日入怀。以告坚曰："妾昔怀策，梦月入怀，今又梦日，何也？"

坚曰："日月者，阴阳之精，极贵之象。吾子孙其兴乎！"

1. 孙坚：东汉末年将领、军阀，孙吴政权的奠基者之一。其子孙权称帝建立吴国后，追谥孙坚为武烈皇帝。

◎

汉蔡茂字子礼，河内怀人也。

初在广汉[1]，梦坐大殿，极[2]上有禾三穗。茂取之，得其中穗，辄复失之。以问主簿郭贺。

贺曰：“大殿者，官府之形象也。极而有禾，人臣之上禄也。取中穗，是中台之象也。于字，‘禾’‘失’为‘秩’，虽曰失之，乃所以禄也。衮职[3]中阙，君其补之。”

旬月而茂征焉。

1. 广汉：郡名，治所在雒县（今四川广汉北）。
2. 极：房脊的正梁。
3. 衮职：代指三公。

◎

周擥（lǎn）啧者，贫而好道。

夫妇夜耕，困，息卧。梦天公过而哀之，敕外有以给与。司命[1]按录籍，云：“此人相贫，限不过此。唯有张车子，应赐录千万。车子未生，请以借之。”天公曰：“善。”

曙觉，言之。于是夫妇戮力，昼夜治生，所为辄得，赀至千万。

先时有张妪者，尝往周家佣赁，野合有身，月满当孕，便遣出外，驻车屋下，产得儿。主人往视，哀其孤寒，作粥糜食之。问："当名汝儿作何？"妪曰："今在车屋下而生，梦天告之，名为车子。"周乃悟曰："吾昔梦从天换钱，外白以张车子钱贷我，必是子也。财当归之矣。"

自是居日衰减。车子长大，富于周家。

1. 司命：传说中掌管生死的神。

◎

夏阳[1]卢汾，字士济。

梦入蚁穴，见堂宇三间，势甚危豁[2]，题其额曰"审雨堂"。

1. 夏阳：古县名，治今陕西合阳东南。
2. 危豁：高大开阔。

◎

吴选曹令史[1]刘卓病笃，梦见一人以白越[2]单衫与之，言曰：“汝着衫，污，火烧，便洁也。”

卓觉，果有衫在侧。污，辄火浣之。

1. 选曹令史：选曹属官，掌文书事。选曹，官名，主管选授官吏事的官职。
2. 白越：一种细布。

◎

淮南书佐刘雅，梦见青蜥蜴从屋落其腹内。因苦腹痛病。

◎

后汉张奂为武威太守，其妻梦带奂印绶，登楼而歌。觉以告奂。奂令占之，曰：“夫人方生男，后临此郡，命终此楼。”后生子猛。

建安中，果为武威太守，杀刺史，邯郸商州兵围急。猛耻见擒，乃登楼自焚而死。

◎

汉灵帝梦见桓帝，怒曰：“宋皇后[1]有何罪过，而听用邪孽，使绝其命。渤海王悝（kuī），既已自贬，又受诛毙。今宋氏及悝，自诉于天。上帝震怒，罪在难救。”

梦殊明察。帝既觉而恐，寻亦崩。

1. 宋皇后：汉灵帝刘宏的皇后，居后位而无宠。中常侍王甫杀渤海王刘悝及其王妃宋氏。宋氏乃宋皇后的姑母，王甫害怕宋皇后迁怒于己，遂诬告宋皇后行巫蛊之术。汉灵帝相信了他，废皇后，收其玺绶。宋皇后自入暴室，忧死。事见《后汉书·灵帝宋皇后纪》。

◎

吴时，嘉兴徐伯始病，使道士吕石安神座[1]。石有弟子戴本、王思，二人居住海盐[2]，伯始迎之以助石。

昼卧，梦上天北斗门下，见外鞍马三匹。云："明日当以一迎石，一迎本，一迎思。"

石梦觉，语本、思云："如此死期，可急还，与家别。"不卒事而去。伯始怪而留之。曰："惧不得见家也。"

间一日，三人同时死。

1. 神座：神像牌位。
2. 海盐：县名，秦置，治今上海市金山区西。东晋移治于今浙江省北部。

◎

会稽谢奉，与永嘉太守郭伯猷(yóu)善。谢忽梦郭与人于浙江上争樗(chū)蒲[1]钱，因为水神所责，堕水而死，已营理郭凶事。

及觉，即往郭许[2]，共围棋。良久，谢云："卿知吾来意否？"因说所梦。郭闻之，怅然，云："吾昨夜亦梦与人争钱，如卿所梦，何期太的的[3]也？"

须臾，如厕，便倒，气绝。谢为凶具[4]，一如其梦。

1. 樗蒲：古代博戏，类似后世的赌博。
2. 许：处所，地方。

3. 的的：分明，明白。

4. 凶具：丧葬用具。

◎

嘉兴徐泰，幼丧父母，叔父隗养之，甚于所生。

隗病，泰营侍甚勤。是夜三更中，梦二人乘船持箱，上泰床头。发箱，出簿书示曰："汝叔应死。"泰即于梦中叩头祈请。

良久，二人曰："汝县有同姓名人否？"泰思得，语二人云："张隗，不姓徐。"二人云："亦可强逼[1]。念汝能事叔父，当为汝活之。"遂不复见。

泰觉，叔病乃差（chài）[2]。

1. 逼：接近，相似。

2. 差：病愈。亦作"瘥"。

搜神记
卷十一

◎

楚熊渠子[1]夜行，见寝石，以为伏虎，弯弓射之，没金，铩(shā)[2]羽。下视，知其石也。因复射之，矢摧，无迹。汉世复有李广[3]，为右北平[4]太守，射虎，得石，亦如之。

刘向曰："诚之至也，而金石为之开，况于人乎！夫唱而不和，动而不随，中必有不全者也。夫不降席而匡天下者，求之己也。"

1. 熊渠子：西周时楚国君主。芈姓，熊氏，名渠。
2. 铩：摧残，伤害。
3. 李广：西汉名将，陇西成纪（今甘肃静宁西南）人，善骑射。汉文帝时，参加反击匈奴攻掠的战争，为郎、武骑常侍。景帝、武帝时，任陇西、北地等郡太守。后任右北平太守，匈奴数年不敢攻扰，称之为"飞将军"。
4. 右北平：郡名，战国时燕国置。秦治无终（今天津蓟州区），西汉移至平刚（今宁城西南）。

◎

楚王游于苑，白猿在焉。王令善射者射之，矢数发，猿搏[1]矢而笑。乃命由基[2]。由基抚弓，猿即抱木而号。

及六国时，更羸（léi）[3]谓魏王曰："臣能为虚发而下鸟。"魏王曰："然则射可至于此乎？"羸曰："可。"

有顷，闻雁从东方来，更羸虚发而鸟下焉。

1. 搏：抓取，捕获。
2. 由基：养由基，字叔，春秋时楚国神射手，能百步穿杨。
3. 更羸：战国时期魏国大臣，射箭能手。

◎

齐景公渡于江、沅之河[1]，鼋（yuán）[2]衔左骖（cān）[3]，没之。众皆惊惕。

古冶子[4]于是拔剑从之，邪[5]行五里，逆行三里，至于砥柱[6]之下，杀之，乃鼋也。左手持鼋头，右手拔左骖，燕跃鹄踊而出，仰天大呼，水为逆流三百步。

观者皆以为河伯也。

1. 江、沅之河：指长江、沅江，在今湖南省，但与下文提到的"河"（黄河）和"砥柱"（三门山）不合，因此此处"江、沅"可能是音讹。
2. 鼋：大鳖。
3. 骖：一指三匹马共驾一车，也指驾车时位于两边的马。文中是第二种意思。

4. 古冶子：春秋时期齐国勇士之一，为晏婴所杀。

5. 邪：同“斜”。

6. 砥柱：古山名，又称底柱山、三门山。在今河南省三门峡市北黄河中。

◎

楚干将、莫邪(yé)为楚王作剑，三年乃成。王怒，欲杀之。剑有雌雄。其妻重身当产，夫语妻曰：“吾为王作剑，三年乃成。王怒，往，必杀我。汝若生子，是男，大，告之曰：‘出户，望南山，松生石上，剑在其背。’”于是即将雌剑往见楚王。

王大怒，使相之。剑有二，一雄，一雌，雌来，雄不来。王怒，即杀之。

莫邪子名赤比，后壮，乃问其母曰：“吾父所在？”母曰：“汝父为楚王作剑，三年乃成，王怒，杀之。去时嘱我：‘语汝子：出户，望南山，松生石上，剑在其背。’”

于是子出户，南望，不见有山，但睹堂前松柱下石砥之上，即以斧破其背，得剑。日夜思欲报楚王。

王梦见一儿，眉间广尺，言欲报仇。王即购之千金。儿闻之，亡去。入山，行歌。客有逢者，谓：“子年少。何哭之甚悲耶？”曰：“吾干将、莫邪子也。楚王杀吾父，吾欲报之。”

客曰："闻王购子头千金，将子头与剑来，为子报之。"儿曰："幸甚。"

即自刎，两手捧头及剑奉之，立僵。客曰："不负子也。"于是尸乃仆。

客持头往见楚王，王大喜。客曰："此乃勇士头也。当于汤镬(huò)[1]煮之。"王如其言。煮头三日三夕，不烂。头踔(chuō)[2]出汤中，踬(zhì)目[3]大怒。客曰："此儿头不烂，愿王自往临视之，是必烂也。"王即临之。客以剑拟王，王头随堕汤中。客亦自拟己头，头复堕汤中。

三首俱烂，不可识别。乃分其汤肉葬之。故通名三王墓。今在汝南北宜春县界。

1. 镬：古代的大锅。
2. 踔：跳。
3. 踬目：瞪眼。

◎

汉武时，苍梧[1]贾雍为豫章太守，有神术。

出界讨贼，为贼所杀，失头。上马回营中，咸走来视雍。雍胸中语曰："战不利，为贼所伤。诸君视有头佳乎？无头佳乎？”吏涕泣曰：“有头佳。”雍曰：“不然。无头亦佳。”

言毕，遂死。

1. 苍梧：古郡名，秦置，在今广西梧州、苍梧及蒙江下游地区。

◎

渤海[1]太守史良好一女子，许嫁而不果。良怒，杀之。断其头而归，投于灶下，曰：“当令火葬。”头语曰：“使君我相从，何图当尔。”

后梦见曰：“还君物。”觉而得昔所与香缨[2]金钗之属。

1. 渤海：古郡名，汉代置，在今河北沧州。
2. 香缨：古时女子许嫁时佩戴的彩带，亦用以系香囊等物。

◎

周灵王时，苌(cháng)弘[1]见杀。蜀人因藏其血。

三年，乃化而为碧。

1. 苌弘：周刘文公家臣。苌弘死后三年，其血化为碧玉。语见《庄子·外物》："人主莫不欲其臣之忠，而忠未必信，故伍员流于江，苌弘死于蜀，藏其血三年而化为碧。"

◎

汉武帝东游，未出函谷关，有物当道。身长数丈，其状象牛，青眼而曜睛，四足，入土，动而不徙。百官惊骇。东方朔[1]乃请以酒灌之。灌之数十斛而物消。

帝问其故。答曰："此名为患，忧气之所生也。此必是秦之狱地。不然，则罪人徒作之所聚。夫酒忘忧，故能消之也。"

帝曰："吁！博物之士，至于此乎！"

1. 东方朔：字曼倩，西汉时期著名文学家，有《答客难》《非有先生论》等名篇。

◎

后汉谅辅，字汉儒，广汉新都人。少给佐吏，浆水不交[1]。为从事[2]，大小毕举，郡县敛手[3]。

时夏枯旱，太守自曝中庭，而雨不降。辅以五官掾(yuàn)[4]出祷山川，自誓曰："辅为郡股肱，不能进谏纳忠，荐贤退恶，和调百姓，至令天地否隔[5]，万物枯焦，百姓喁喁[6]，无所控诉，咎尽在辅。今郡太守内省责己，自曝中庭，使辅谢罪，为民祈福。精诚恳到，未有感彻。辅今敢自誓：若至日中无雨，请以身塞无状。"乃积薪柴，将自焚焉。

至日中时，山气转黑，起雷，雨大作，一郡沾润。世以此称其至诚。

1. 浆水不交：浆水不沾，形容为官清廉，无取于民。浆，泛指饮料，亦指酒。
2. 从事：官名，汉以后三公及州郡长官自辟的僚属，多以"从事"为称，如"从事史""从事中郎"。
3. 敛手：拱手，表示尊敬。
4. 五官掾：汉置官名，主管祭祀，晋代沿袭其名。
5. 否隔：闭塞不通。
6. 喁喁：众人景仰归向的样子。

◎

何敞，吴郡人，少好道艺，隐居。

里以大旱，民物憔悴。太守庆洪遣户曹掾致谒，奉印绶，烦守无锡。敞不受。退，叹而言曰：“郡界有灾，安能得怀道！”因跋涉之县，驻明星屋中，蝗蝝(yuán)[1]消死，敞即遁去。

后举方正[2]博士[3]，皆不就，卒于家。

1. 蝝：蝗的幼虫。
2. 方正：汉代察举科目的一种。使人推举贤良方正、直言敢谏之人，匡正皇帝的失误，详见《汉书·文帝纪》。
3. 博士：官名，源于战国，负责经学讲授。

◎

后汉徐栩(xǔ)，字敬卿，吴由拳[1]人。少为狱吏，执法详平。为小黄[2]令时，属县大蝗，野无生草，过小黄界，飞逝不集。刺史行部责栩不治，栩弃官，蝗应声而至。刺史谢令还寺舍，蝗即飞去。

1. 由拳：秦置县名，相当于今浙江嘉兴南一带。
2. 小黄：晋置县名，相当于今安徽亳州一带。

◎

王业，字子香，汉和帝时为荆州刺史。每出行部，沐浴斋素，以祈于天地，当启佐愚心，无使有枉百姓。

在州七年，惠风大行，苛慝[1]不作，山无豺狼。卒于枝江，有二白虎，低头曳尾，宿卫其侧。及丧去，虎逾州境，忽然不见。

民共为立碑，号曰："枝江白虎墓"。

1. 苛慝：暴虐邪恶。

◎

吴时，葛祚为衡阳太守。

郡境有大槎（chá）[1]横水，能为妖怪。百姓为立庙。行旅祷祀，槎乃沉没。不者，槎浮，则船为之破坏。

祚将去官，乃大具斧斤[2]，将去民累。明日当至，其夜闻江中汹汹有人声，往视之，槎乃移去，沿流下数里，驻湾中。

自此，行者无复沉覆之患。衡阳人为祚立碑，曰："正德祈禳，神木为移。"

1. 槎：用竹木编成的筏。
2. 斧斤：斧头。泛指各种砍伐用具。

◎

曾子从仲尼在楚而心动，辞归。

问母，母曰："思尔，啮指。"

孔子曰："曾参之孝，精感万里。"

◎

周畅，性仁慈，少至孝，独与母居。每出入，母欲呼之，常自啮其手，畅即觉手痛而至。

治中从事未之信。候畅在田，使母啮手，而畅即归。

元初二年[1]，为河南尹，时夏大旱，久祷无应。畅收葬洛阳城旁客死骸骨万余，为立义冢，应时澍(shù)雨[2]。

1. 元初二年：公元 115 年。元初，东汉安帝刘祜的第二个年号，公元 114—120 年。
2. 澍雨：大雨、暴雨，或及时雨。此处用作动词，即下雨。

◎

王祥，字休征，琅邪人，性至孝，早丧亲。继母朱氏不慈，数谮（zèn）[1]之，由是失爱于父。每使扫除牛下。

父母有疾，衣不解带。母常欲生鱼，时天寒冰冻，祥解衣将剖冰求之。冰忽自解，双鲤跃出，持之而归。母又思黄雀炙，复有黄雀数十，入其幕，复以供母。

乡里惊叹，以为孝感所致。

1. 谮：说坏话诬陷他人。

◎

王延，性至孝。继母卜氏，尝盛冬思生鱼，敕延求而不获，杖之流血。

延寻汾[1]叩凌[2]而哭。忽有一鱼，长五尺，跃出冰上，延取以进母。卜氏食之，积日不尽。于是心悟，抚延如己子。

1. 汾：汾水，即汾河，出自山西宁武县管涔（cén）山，至河津市入黄河，为黄河第二大支流。
2. 凌：多指块状或锥状的冰。

◎

楚僚早失母，事后母至孝。

母患痈[1]肿，形容日悴。僚自徐徐吮之，血出，迨[2]夜即得安寝。乃梦一小儿，语母曰："若得鲤鱼食之，其病即差，可以延寿。不然，不久死矣。"

母觉而告僚。时十二月冰冻，僚乃仰天叹泣，脱衣上冰，卧之。有一童子，决僚卧处，冰忽自开，一双鲤鱼跃出。僚将归奉其母，病即愈，寿至一百三十三岁。

盖至孝感天神，昭应如此。此与王祥、王延事同。

1. 痈：毒疮。
2. 迨：等，及，到。

◎

盛彦，字翁子，广陵人。母王氏，因疾失明，彦躬自侍养。母食，必自哺之。

母疾既久，至于婢使数见捶挞[1]。婢忿恨，闻彦暂行，取蛴螬(qí cáo)[2]炙饴[3]之。母食，以为美，然疑是异物，密藏以示彦。

彦见之，抱母恸哭，绝而复苏。母目豁然即开，于此遂愈。

1. 捶挞：杖击，鞭打。

2. 蛴螬：金龟子幼虫。是地下害虫。

3. 饴：用麦芽制成的糖浆。这里活用作动词，给人吃。

◎

颜含，字宏都。次嫂樊氏因疾失明。医人疏方[1]，须蚺(rán)蛇胆，而寻求备至，无由得之。含忧叹累时，尝昼独坐。

忽有一青衣童子，年可十三四，持一青囊授含，含开视，乃蛇胆也。童子逡巡[2]出户，化成青鸟飞去。

得胆，药成，嫂病即愈。

1. 疏方：处方，开药方。

2. 逡巡：因有所顾虑而犹豫不前，或倒退而行。亦作顷刻，须臾。

◎

郭巨，隆虑[1]人也，一云河内温[2]人。兄弟三人，早丧父。礼毕，二弟求分。以钱二千万，二弟各取千万。巨独与母居客舍，夫妇佣赁以给供养。

居有顷，妻产男。巨念与儿妨事亲，一也；老人得食，喜分儿孙，减馔，二也。乃于野凿地，欲埋儿。得石盖，下有黄金一釜，中有丹书，曰："孝子郭巨，黄金一釜，以用赐汝。"

于是，名振天下。

1. 隆虑：汉置县名，在今河南林州一带。
2. 温：古县名，在今河南焦作市温县一带。

◎

新兴[1]刘殷，字长盛，七岁丧父，哀毁过礼。服丧三年，未尝见齿。

事曾祖母王氏，尝夜梦人谓之曰："西篱下有粟。"寤而掘之，得粟十五钟[2]，铭曰："七年粟百石，以赐孝子刘殷。"自是食之，七岁方尽。

及王氏卒，夫妇毁瘠[3]，几至灭性。时柩在殡，而西邻失火，风势甚猛，殷夫妇叩殡号哭，火遂灭。

后有二白鸠来巢其树庭。

1. 新兴：汉置郡名，在今山西忻州一带。

2. 钟：古代容量单位，六石四斗为一钟。

3. 毁瘠：因哀伤过度而极度瘦弱。

◎

杨公伯雍，雒阳县人也。本以侩(kuài)[1]卖为业，性笃孝。父母亡，葬无终山，遂家焉。

山高八十里，上无水，公汲水作义浆于坂[2]头，行者皆饮之。三年，有一人就饮，以一斗石子与之，使至高平好地有石处种之，云："玉当生其中。"杨公未娶，又语云："汝后当得好妇。"语毕，不见。乃种其石。数岁，时时往视，见玉子生石上，人莫知也。

有徐氏者，右北平著姓女，甚有行，时人求，多不许。公乃试求徐氏，徐氏笑以为狂，因戏云："得白璧[3]一双来，当听为婚。"公至所种玉田中，得白璧五双，以聘。徐氏大惊，遂以女妻公。

天子闻而异之，拜为大夫。乃于种玉处，四角作大石柱，各一丈，中央一顷地名曰"玉田"。

1. 侩：买卖的中间人，类似于今天的经纪人。

2. 坂：山坡。

3. 璧：平而圆、中间有孔的玉，古代在举行典礼时用作礼器，亦可作饰物。

◎

衡农，字剽卿，东平[1]人也。

少孤，事继母至孝。常宿于他舍，值雷风，频梦虎啮其足。农呼妻相出于庭，叩头三下。屋忽然而坏，压死者三十余人，唯农夫妻获免。

1. 东平：汉代置郡，在今山东济宁市、汶上东平一带。

◎

罗威，字德仁，八岁丧父，事母性至孝。

母年七十，天大寒，常以身自温席而后授其处。

◎

王裒（póu）[1]，字伟元，城阳[2]营陵[3]人也。

父仪，为文帝所杀。裒庐于墓侧，旦夕常至墓所拜跪，攀[4]柏悲号。涕泣着树，树为之枯。

母性畏雷，母没，每雷，辄到墓曰："裒在此。"

1. 王裒：三国时期曹魏司马王仪之子，博学多能。王仪因东关之役上言，见罪于晋文帝司马昭而被斩。王裒恨父死于非命，绝仕于晋，屡次被朝廷征召皆不就。
2. 城阳：汉代置郡，在今山东东南沿海一带。
3. 营陵：汉代置县，在今山东昌乐一带。
4. 攀：拉，牵，挽。

◎

郑弘迁临淮[1]太守。郡民徐宪在丧，致哀，有白鸠巢户侧。弘举为孝廉[2]。朝廷称为"白鸠郎"。

1. 临淮：古郡名，汉代置郡，治所在今江苏省泗洪县东南。
2. 孝廉：汉代察举制的科目之一，是"孝顺亲长、廉能正直"的意思。东汉时，为求仕者必由之途。

◎

汉时，东海[1]孝妇养姑甚谨。姑[2]曰："妇养我勤苦，我已老，何惜余年，久累年少。"遂自缢死。其女告官云："妇杀我母。"官收系之，拷掠毒治。孝妇不堪苦楚，自诬服之。

时于公[3]为狱吏，曰："此妇养姑十余年，以孝闻彻，必不杀也。"太守不听。于公争不得理，抱其狱词哭于府而去。自后郡中枯旱，三年不雨。

后太守至，于公曰："孝妇不当死，前太守枉杀之，咎当在此。"太守即时身祭孝妇冢，因表其墓。天立雨，岁大熟。

长老传云："孝妇名周青。青将死，车载十丈竹竿，以悬五旛(fān)[4]，立誓于众曰：'青若有罪，愿杀，血当顺下；青若枉死，血当逆流。'既行刑已，其血青黄，缘旛竹而上，极标，又缘旛而下云。"

1. 东海：古郡名。秦置，治所在今山东郯城。
2. 姑：指丈夫的母亲。
3. 于公：汉宣帝丞相于定国之父。曾任县狱吏、郡决曹，断案公正，颇得人心，因此百姓在他活着时就为他立了祠，称作"于公祠。"《汉书·隽疏于薛平彭传》："定国父于公为县狱吏、郡决曹，决狱平。罗文法者，于公所决，皆不恨。郡中为之生立祠，号曰于公祠。"
4. 旛：同"幡"，垂直悬挂的长条形旗帜。

◎

犍(qián)为[1]叔先泥和，其女名雄。永建[2]三年，泥和为县功曹，县长赵祉遣泥和拜檄(xí)[3]谒巴郡太守。以十月乘船，于城湍堕水死，尸丧不得。雄哀恸号咷，命不图存，告弟贤及夫人，令勤觅父尸。“若求不得，吾欲自沉觅之”。

时雄年二十七，有子男贡，年五岁，贳(shì)，年三岁。乃各作绣香囊一枚，盛以金珠环，预婴[4]二子。哀号之声，不绝于口，昆族私忧。

至十二月十五日，父丧不得，雄乘小船于父堕处，哭泣数声，竟自投水中，旋流没底。见梦告弟云：“至二十一日，与父俱出。”至期，如梦，与父相持并浮出江。

县长表言，郡太守肃登承上尚书，乃遣户曹掾为雄立碑，图象其形，令知至孝。

1. 犍为：汉代置郡，治所在今四川宜宾。
2. 永建：汉顺帝年号，公元 126—132 年。
3. 檄：古代用来征召官吏、声讨逆贼等的官方文书。此处指公文信函。
4. 婴：系在颈上。

◎

河南乐羊子之妻者，不知何氏之女也，躬勤养姑。

尝有他舍鸡，谬入园中，姑盗杀而食之。妻对鸡不食而泣，姑怪问其故。妻曰："自伤居贫，使食有他肉。"姑竟弃之。

后盗有欲犯之者，乃先劫其姑，妻闻，操刀而出。盗曰："释汝刀。从我者可全；不从我者，则杀汝姑。"妻仰天而叹，刎颈而死。盗亦不杀姑。

太守闻之，捕杀盗贼，赐妻缣帛[1]，以礼葬之。

1．缣帛：细绢一类质地柔软的丝织品。缣，两层的细绢。

◎

庾衮，字叔褒。咸宁中大疫，二兄俱亡，次兄毗(pí)复殆。疠(lì)气方盛，父母诸弟皆出次于外，衮独留不去。诸父兄强之，乃曰："衮性不畏病。"

遂亲自扶持，昼夜不眠，间复抚柩哀临[1]不辍，如此十余旬。疫势既退，家人乃返。毗病得差，衮亦无恙。

1．哀临：为死者举哀。

◎

宋康王舍人韩凭娶妻何氏，美，康王夺之。凭怨，王囚之，论为城旦[1]。

妻密遗凭书，缪[2]其辞曰："其雨淫淫，河大水深，日出当心。"既而王得其书，以示左右，左右莫解其意。

臣苏贺对曰："其雨淫淫，言愁且思也；河大水深，不得往来也；日出当心，心有死志也。"俄而凭乃自杀。其妻乃阴腐其衣，王与之登台，妻遂自投台，左右揽之，衣不中手而死。遗书于带曰："王利其生，妾利其死，愿以尸骨赐凭合葬。"

王怒，弗听，使里人埋之，冢相望也。王曰："尔夫妇相爱不已，若能使冢合，则吾弗阻也。"

宿昔之间，便有大梓木，生于二冢之端，旬日而大盈抱，屈体相就，根交于下，枝错于上。又有鸳鸯，雌雄各一，恒栖树上，晨夕不去，交颈悲鸣，音声感人。宋人哀之，遂号其木曰"相思树"。

"相思"之名，起于此也。南人谓此禽即韩凭夫妇之精魂。今睢阳[3]有韩凭城，其歌谣至今犹存。

1. 城旦：秦汉时的一种刑罚。受罚者被强制去做修筑工事或制作器物等重体力活，属劳役中最重的一级。
2. 缪：同"谬"，用作动词，在此处引申为隐讳，故意让人读不懂。
3. 睢阳：在今河南商丘市南。

◎

汉末零阳郡太守史满有女，悦门下书佐，乃密使侍婢取书佐盥手残水饮之，遂有妊。

已而生子，至能行，太守令抱儿出，使求其父。儿匍匐直入书佐怀中，书佐推之仆地，化为水。

穷问之，具省前事，遂以女妻书佐。

◎

鄱阳西有望夫冈。昔县人陈明与梅氏为婚，未成，而妖魅诈迎妇去。明诣卜者，决云："行西北五十里求之。"

明如言，见一大穴，深邃无底。以绳悬人，遂得其妇。乃令妇先出，而明所将邻人秦文，遂不取明。其妇乃自誓执志，登此冈首而望其夫，因以名焉。

◎

后汉南康[1]邓元义，字伯考，为尚书仆射(yè)[2]。

元义还乡里，妻留事姑，甚谨。姑憎之，幽闭空室，节其饮食，羸露[3]日困，终无怨言。

时伯考怪而问之，元义子朗，时方数岁，言："母不病，但苦饥耳。"伯考流涕曰："何意亲姑反为此祸！"遣归家。

更嫁为华仲妻。仲为将作大匠[4]，妻乘朝车[5]出，元义于路旁观之，谓人曰："此我故妇，非有他过，家夫人遇之实酷，本自相贵。"

其子朗，时为郎[6]，母与书，皆不答，与衣裳，辄以烧之。母不以介意。母欲见之，乃至亲家李氏堂上，令人以他词请朗。朗至，见母，再拜涕泣，因起出。母追，谓之曰："我几死。自为汝家所弃，我何罪过，乃如此耶！"因此遂绝。

1. 南康：古郡名。西晋设置，治所在今江西省赣州东部于都县。
2. 仆射：古代官职名。
3. 羸露：羸弱，瘦弱。
4. 将作大匠：古代官职名，执掌宫室、宗庙、陵寝等的土木营建。
5. 朝车：古代君臣行朝夕礼及宴饮时出入用车。
6. 郎：古代官职名。

◎

严遵为扬州刺史，行部[1]，闻道傍女子哭声不哀，问所哭者谁。对云："夫遭烧死。"

遵敕吏舁(yú)[2]尸到，与语讫，语吏云："死人自道不烧死。"乃摄女，令人守尸，云："当有枉。"吏曰："有蝇聚头所。"遵令披视，得铁锥贯顶。

考问，以淫杀夫。

1. 行部：巡行所属部域，考核政绩。《资治通鉴·后梁均王贞明三年》："五月，徐温行部玉昇州，爱其繁富。"
2. 舁：抬。

◎

汉范式，字巨卿，山阳金乡[1]人也，一名氾(fàn)。与汝南张劭为友。劭，字元伯。二人并游太学[2]，后告归乡里。式谓元伯曰："后二年，当还。将过拜尊亲，见孺子焉。"乃共克[3]期日。

后，期方至，元伯具以白母，请设馔以候之。母曰："二年之别，千里结言，尔何相信之审耶？"曰："巨卿，信士，必不乖违。"母曰："若然，当为尔酝酒[4]。"至期，果到。升堂，拜饮，尽欢而别。

后元伯寝疾，甚笃，同郡郅(zhì)君章、殷子征晨夜省视之。元伯临终叹曰：“恨不见我死友[5]。”子征曰：“吾与君章尽心于子，是非死友，复欲谁求？”元伯曰：“若二子者，吾生友[6]耳。山阳范巨卿，所谓死友也。”寻而卒。

式忽梦见元伯，玄冕垂缨，屣履[7]而呼曰：“巨卿，吾以某日死，当以尔时葬，永归黄泉。子未忘我，岂能相及？”式恍然觉悟，悲叹泣下。便服朋友之服，投其葬日，驰往赴之。

未及到而丧已发引。既至圹(kuàng)[8]，将窆(biǎn)[9]，而柩不肯进。其母抚之曰：“元伯，岂有望耶？”遂停柩。

移时，乃见素车白马，号哭而来。其母望之，曰：“是必范巨卿也。”

既至，叩丧言曰：“行矣元伯！死生异路，永从此辞。”会葬者千人，咸为挥涕。式因执绋而引柩。于是乃前。

式遂留止冢次，为修坟树，然后乃去。

1. 山阳金乡：山阳，古郡名。西汉时设置，治所在今山东省金乡县西北。金乡，古县名。后汉时设置，治所在今山东嘉祥县南。
2. 太学：中国古代设于京城的最高学府。早在西周时已有“太学”之名。
3. 克：限定日期。
4. 酝酒：酿酒。
5. 死友：指交情深厚、至死不渝的朋友。

6. 生友：一般的朋友。

7. 屣履：踩着鞋子走路，形容急忙的样子。

8. 圹：墓穴，坟墓。

9. 窆：古代用来引棺材下墓穴的石头。这里用作动词，指将棺木下入墓穴。

卷十二

◎

天有五气，万物化成。木清则仁，火清则礼，金清则义，水清则智，土清则思。五气尽纯，圣德备也。木浊则弱，火浊则淫，金浊则暴，水浊则贪，土浊则顽。五气尽浊，民之下也。

中土多圣人，和气所交也。绝域多怪物，异气所产也。苟禀此气，必有此形；苟有此形，必生此性。故食谷者智慧而文，食草者多力而愚，食桑者有丝而蛾，食肉者勇憿（xiàn）[1]而悍，食土者无心而不息，食气者神明而长寿，不食者不死而神。

大腰无雄，细腰无雌[2]。无雄外接，无雌外育。三化之虫[3]，先孕后交。兼爱之兽，自为牝牡[4]。寄生因夫高木，女萝[5]托乎茯苓[6]。木株于土，萍植于水。鸟排虚而飞，兽蹠（zhí）[7]实而走，虫土闭而蛰，鱼渊潜而处。本乎天者亲上，本乎地者亲下，本乎时者亲旁，各从其类也。

千岁之雉，入海为蜃[8]；百年之雀，入海为蛤；千岁龟鼋，能与人语；千岁之狐，起为美女；千岁之蛇，断而复续；百年之鼠，而能相卜，数之至也。

春分之日，鹰变为鸠；秋分之日，鸠变为鹰，时之化也。故腐草之为萤也，朽苇之为蛬（qióng）[9]也，稻之为蛩（jiā）[10]也，麦之为蝴蝶也，羽翼生焉，眼目成焉，心智在焉。此自无知化为有知而气易也。隺（hè）[11]之为獐也，蛇之为鳖也，蛬之为虾也，不失其血气，而形性变也。若此之类，不可胜论。

应变而动，是为顺常；苟错其方，则为妖眚[12]。故下体生于上，上体生于下，气之反者也。人生兽，兽生人，气之乱者也。男化为女，女化为男，气之贸[13]者也。鲁牛哀得疾，七日化而为虎，形体变易，爪牙施张。其兄启户而入，搏而食之。方其为人，不知其将为虎也；方有为虎，不知其常为人也。

故晋太康中，陈留阮士瑀，伤于虺（huǐ）[14]，不忍其痛，数嗅其疮，已而双虺成于鼻中。元康中，历阳纪元载客食[15]道龟，已而成瘕（jiǎ）[16]。医以药攻之，下龟子数升，大如小钱，头足咸备，文甲皆具，惟中药已死。

夫妻非化育之气，鼻非胎孕之所，享道[17]非下物之具。从此观之，万物之生死也，与其变化也，非通神之思，虽求诸已，恶识所自来。然朽草之为萤，由乎腐也；麦之为蝴蝶，由乎湿也。尔则万物之变，皆有由也。农夫止麦之化者，沤[18]之以灰；圣人理万物之化者，济之以道，其然与，不然乎？

1. 愅：怒。
2. “大腰无雄”二句：大腰，龟、鳄一类的动物，古人认为这些动物没有雄性。细腰，指蜂一类动物，古人认为这些动物没有雌性。
3. 三化之虫：指蚕一类的动物。蚕由蚕变茧，茧化为蛾。因此称为“三化”。
4. 牝牡：牝，雌性鸟兽；牡，雄性鸟兽。
5. 女萝：植物名，即松萝。多附生在松树上，呈丝状下垂。泛指菟丝子。

6. 茯苓：寄生在松树根上的菌类，形如甘薯，球状，外皮淡棕色或黑褐色，内部粉色或白色，可入药。

7. 蹠：踏，踩。

8. 蜃：一种大蛤蜊。

9. 蛬：蟋蟀。

10. 蛩：米中生的虫子。

11. 隺：同“鹤”。

12. 眚：灾祸。

13. 贸：变，改变。

14. 虺：毒蛇。

15. 客食：指寄食。

16. 瘕：腹中鼓胀病。

17. 享道：消化道。

18. 沤：浸泡。

◎

季桓子[1]穿井，获如土缶，其中有羊焉。使问之仲尼，曰：“吾穿井而获狗，何耶？”仲尼曰：“以丘所闻，羊也。丘闻之：木石之怪夔(kuí)[2]、蝄蜽(wǎng liǎng)[3]，水中之怪龙、罔象[4]，土中之怪曰羵(fén)羊[5]。”

《夏鼎志》[6]曰：“罔象如三岁儿，赤目，黑色，大耳，长臂，赤爪。索缚，则可得食。”王子曰：“木精为游光，金精为清明也。”

1. 季桓子：春秋时期鲁国大夫季孙斯，鲁国执政，与孟孙氏、叔孙氏并称“三桓”。
2. 夔：传说中的一足怪物。《山海经·大荒经》记其状为：“状如牛，苍身而无角，一足，出入水则必风雨，其光如日月，其声如雷。”又《国语·鲁语下》，三国吴韦昭注：“或云夔一足。越人谓之山魈。富阳有人面猴身，能言语，或云独足。”
3. 蝄蜽：又作“魍魉”。山精，好学人声，能迷惑人。
4. 罔象：传说中的水怪。三国吴韦昭注《国语·鲁语下》：“罔象，食人，一名沐肿。”
5. 贲羊：传说中的土怪。
6.《夏鼎志》：原书已佚。下文亦引此书，据两处引文内容推测，此书或是志怪一类的书。

◎

晋惠帝元康中，吴郡娄县[1]怀瑶家忽闻地中有犬声隐隐。视声发处，上有小窍，大如螾（yǐn）[2]穴。瑶以杖刺之，入数尺，觉有物。乃掘视之，得犬子，雌雄各一，目犹未开，形大于常犬。哺之，而食。

左右咸往观焉。长老或云：“此名犀犬，得之者，令家富昌，宜当养之。”以目未开，还置窍中，覆以磨砻[3]，宿昔发视，左右无孔，遂失所在。瑶家积年无他祸福。

至太兴[4]中，吴郡太守张懋，闻斋内床下犬声，求而不得。既而地坼，有二犬子，取而养之，皆死。其后懋为吴兴兵沈充所杀。

《尸子》[5]曰：“地中有犬，名曰地狼；有人，名曰无伤。”《夏鼎志》曰：“掘地而得狗，名曰贾；掘地而得豚，名曰邪；掘地而得人，名曰聚。聚，无伤也。”此物之自然，无谓鬼神而怪之。然则贾与地狼名异，其实一物也。

《淮南万毕》[6]曰：“千岁羊肝，化为地宰[7]；蟾蜍得苽[8]，卒时为鹑。”此皆因气化以相感而成也。

1. 娄县：地名，故址在今江苏昆山。
2. 螾：同“蚓”，蚯蚓。
3. 磨砻：磨石。砻，以石磨物。
4. 太兴：晋元帝司马睿年号，公元318—321年。
5.《尸子》：先秦杂家重要著作。作者尸佼，战国时著名政治家。《尸子》原书已佚，现存《尸子》为唐代重新辑佚而成。
6.《淮南万毕》：《淮南万毕术》，淮南王刘安组织门客编著。原书已佚，今所流传的为辑本。
7. 地宰：地神。宰，主管、主持。
8. 苽：同“菰”，多年生草本植物，生长在池沼中，也称茭白。文中应指茭白的种子，即菰米。

◎

吴诸葛恪为丹阳太守，尝出猎，两山之间，有物如小儿，伸手欲引人。恪令伸之，乃引去故地。去故地，即死。既而参佐问其故，以为神明。

恪曰："此事在《白泽图》[1]内，曰：'两山之间，其精如小儿，见人，则伸手欲引人，名曰傒(xī)囊，引去故地，则死。'无谓神明而异之，诸君偶未见耳。"

1.《白泽图》：古书名，相传书中记载了山川草木精怪之状貌以及避忌劾制之术。今已亡佚。

◎

王莽建国四年，池阳[1]有小人景[2]，长一尺余，或乘车，或步行，操持万物，大小各自相称，三日乃止。莽甚恶之。

自后盗贼日甚，莽竟被杀。

《管子》[3]曰："涸泽数百岁，谷之不徙，水之不绝者，生庆忌。庆忌者，其状若人，其长四寸，衣黄衣，冠黄冠，戴黄盖，乘小马，好疾驰。以其名呼之，可使千里外一日反报。"

然池阳之景者，或庆忌也乎？又曰："涸小水精，生蚳(chí)。

蚳者，一头而两身，其状若蛇，长八尺。以其名呼之，可使取鱼鳖。”

1. 池阳：古县名，治所在今陕西泾阳县西北。
2. 景：通“影”，影子。
3.《管子》：内容庞杂，兼有诸子百家的学说，传为管仲所作。先秦两汉间的学术著作。

◎

晋扶风杨道和，夏于田中，值雨。至桑树下，霹雳下击之。道和以锄格，折其股，遂落地，不得去。

唇如丹，目如镜，毛角长三寸余，状似六畜，头似猕猴。

◎

秦时，南方有落头民，其头能飞。其种人部有祭祀，号曰“虫落”，故因取名焉。

吴时，将军朱桓[1]得一婢，每夜卧后，头辄飞去。或从狗窦[2]，或从天窗中出入,以耳为翼。将晓,复还。数数如此,傍人怪之,夜中照视,唯有身无头,其体微冷,气息裁属[3]。乃蒙之以被。至晓,头还,碍被不得安,两三度堕地,噫咤[4]甚愁,体气甚急,状若将死。乃去被,头复起傅[5]颈。有顷,和平。

桓以为大怪,畏不敢畜,乃放遣之。既而详之,乃知天性也。时南征大将,亦往往得之。又尝有覆以铜盘者,头不得进,遂死。

1. 朱桓:三国时期吴国名将,官至前将军、青州牧,后被封为嘉兴侯。详见《三国志·吴书·朱治朱然吕范朱桓传》。
2. 狗窦:狗洞。窦,空穴、洞。
3. 裁属:呼吸勉强接上,形容气息极其微弱。裁,通“才”,仅仅,刚刚。属,连接。
4. 噫咤:叹息。
5. 傅:通“附”,附着。

◎

江汉之域,有貙(chū)人,其先,廪(lǐn)君[1]之苗裔也,能化为虎。

长沙所属蛮县东高居民,曾作槛[2]捕虎。槛发,明日众人共往格[3]之,见一亭长,赤帻,大冠,在槛中坐。因问:“君何以入此中？”亭长大怒曰：“昨忽被县召，夜避雨，遂误入此中。急出我。”曰：“君见召，不当有文书耶？”即出怀中召文书。于是即出之。

寻视，乃化为虎，上山走。或云：“貙，虎化为人，如着紫葛衣[4]，其足无踵[5]。虎有五指者，皆是貙。”

1. 廪君：古代巴郡氏族首领，死后魂魄化为白虎。白虎吃人，因此部族用人来祭祀他。详见《后汉书·南蛮西南夷列传》。
2. 槛：围野兽的栅栏。
3. 格：击，打。
4. 葛衣：用葛织成的布做成的衣服。因其质地轻薄，多在夏季穿戴，所以也称作“夏布”。
5. 踵：脚后跟。

◎

蜀中西南高山之上，有物与猴相类，长七尺，能作人行，善走逐人，名曰猳(jiā)国，一名马化，或曰玃(jué)猿。

伺道行妇女有美者，辄盗取将去，人不得知。若有行人经过其旁，皆以长绳相引，犹故不免。

此物能别男女气臭，故取女，男不取也。若取得人女，则为家室。其无子者，终身不得还。十年之后，形皆类之，意亦迷惑，不复思归。若有子者，辄抱送还其家，产子皆如人形。有不养者，其母辄死。故惧怕之，无敢不养。

及长，与人不异，皆以杨为姓。故今蜀中西南多诸杨，率皆是猳国、马化之子孙也。

◎

临川[1]间诸山有妖物，来常因大风雨，有声如啸，能射人。其所著者，有顷便肿，大毒。有雌雄，雄急而雌缓。急者不过半日间，缓者经宿。其旁人常有以救之，救之少迟，则死。俗名曰“刀劳鬼”。

故外书[2]云：“鬼神者，其祸福发扬之验于世者也。”《老子》曰：“昔之得一者，天得一以清，地得一以宁，神得一以灵，谷得一以盈，侯王得一以为天下贞。”

然则天地鬼神，与我并生者也。气分则性异，域别则形殊，莫能相兼也。生者主阳，死者主阴，性之所托，各安其生。太阴之中，怪物存焉。

1．临川：古郡名，治所在今江西抚州临川。

2. 外书：佛教称其他宗教的典籍为外书。

◎

越地深山中有鸟，大如鸠，青色，名曰冶鸟。穿大树，作巢，如五六升器，户口径数寸，周饰以土垭(è)[1]，赤白相分，状如射侯[2]。

伐木者见此树，即避之去。或夜冥不见鸟，鸟亦知人不见，便鸣唤曰："咄，咄，上去！"明日便宜急上。"咄，咄，下去！"明日便宜急下。若不使去，但言笑而不已者，人可止伐也。若有秽恶及其所止者，则有虎通夕来守，人不去，便伤害人。

此鸟，白日见其形，是鸟也；夜听其鸣，亦鸟也。时有观乐者，便作人形，长三尺，至涧中取石蟹，就火炙之，人不可犯也。越人谓此鸟是越祝[3]之祖也。

1. 垭：同"垩"，白色的泥土。
2. 射侯：箭靶。
3. 祝：祭祀时主持祝告的人。

◎

南海之外，有鲛人[1]，水居如鱼，不废织绩(jì)。其眼泣则能出珠。

1. 鲛人：古代传说中的人鱼，也被称为泉先或泉客。据南朝梁任昉的《述异记》记载，南海出产由鲛人潜织的鲛绡纱，又名龙纱，入水不湿，价值昂贵。还有龙绡宫，是鲛人织绡的地方，其中有如霜般洁白的鲛绡。

◎

庐江耽[1]、枞(zōng)阳[2]二县境上，有大青、小青居山野之中。时闻哭声，多者至数十人，男女大小，如始丧者。

邻人惊骇，至彼奔赴，常不见人。然于哭地，必有死丧。率[3]声若多则为大家，声若小则为小家。

1. 耽：当作“皖”。《汉书·地理志》记载，庐江郡有县十二，其中有枞阳和皖。“皖”也作“皖”，在今安徽潜山。
2. 枞阳：古县名，在今安徽安庆市北部。
3. 率：大约，大概。

◎

庐陵[1]大山之间，有山都，似人，裸身，见人便走。有男女，可长四五丈，能啸相唤。常在幽昧之中，似魑魅[1]鬼物。

1. 庐陵：古郡名，辖区大致相当于今江西永新、峡江、东安、石城以南地区。
2. 魑魅：山泽之中能害人的妖怪，也指山神。

◎

汉光武中平[1]中，有物处于江水，其名曰蜮(yù)，一曰短狐，能含沙射人。

所中者，则身体筋急[2]，头痛，发热，剧者至死。江人以术方抑之，则得沙石于肉中。

《诗》所谓“为鬼为蜮，则不可测”也。今俗谓之溪毒。先儒以为男女同川而浴，淫女为主，乱气所生也。

1. 汉光武中平：汉灵帝刘宏有年号“中平”，《法苑珠林》引此文无“光武”。疑“光武”二字是误增。
2. 筋急：中医病症名，表现为筋脉紧急不柔，屈伸不利。多因体虚受风寒及血虚津耗、筋脉失养所致。

◎

汉永昌郡[1]不韦县有禁水，水有毒气，唯十一月、十二月差可渡涉。自正月至十月不可渡，渡辄病杀人。

其气中有恶物，不见其形，其作有声，如有所投击。中木则折，中人则害，土俗号为“鬼弹”。

故郡有罪人，徙之禁旁，不过十日，皆死。

1. 永昌郡：古郡名，辖境相当于今云南大理白族自治州及哀牢山以西地区。

◎

余外妇姊夫蒋士，有佣客得疾下血。

医以中蛊，乃密以蘘(ráng)荷[1]根布席下，不使知。乃狂言曰：“食我蛊者，乃张小小也。”乃呼“小小亡”云。

今世攻蛊，多用蘘荷根，往往验。蘘荷，或谓嘉草。

1. 蘘荷：姜科，姜属，多年生草本植物，全株有特殊的香味，也称“阳藿”。叶片披针形或椭圆状披针形，花为白色或淡黄色，根茎可入药。

◎

鄱阳[1]赵寿，有犬蛊。

时陈岑诣寿，忽有大黄犬六七，群出吠岑。后余相伯妇与寿妇食，吐血，几死，乃屑桔梗以饮之而愈。

蛊有怪物，若鬼，其妖形变化杂类殊种。或为狗豕，或为虫蛇。其人不自知其形状，行之于百姓，所中皆死。

1. 鄱阳：古郡名，治所在今江西鄱阳一带。

◎

xíng
荥阳郡有一家，姓廖，累世为蛊，以此致富。

后取新妇，不以此语之。遇家人咸出，唯此妇守舍，忽见屋中有大缸。妇试发之，见有大蛇，妇乃作汤灌杀之。

及家人归，妇具白其事，举家惊惋[1]。未几，其家疾疫，死亡略尽。

1. 惋：怅恨，叹惜。

卷十三

◎

泰山之东，有澧(lǐ)泉，其形如井，本体是石也。

欲取饮者，皆洗心志，跪而挹[1]之，则泉出如飞，多少足用。若或污漫[2]，则泉止焉。

盖神明之尝志者也。

1. 挹：舀，把液体盛出来。
2. 污漫：污染，玷污。

◎

二华之山[1]，本一山也。当河，河水过之而曲行。河神巨灵，以手擘(bò)开其上，以足蹈离其下，中分为两，以利河流。

今观手迹于华岳上，指掌之形具在，脚迹在首阳山下，至今犹存。故张衡作《西京赋》[2]所称“巨灵赑屃(bì xì)[3]，高掌远迹，以流河曲”，是也。

1. 二华之山：指华山和少华山，在今陕西华阴。
2. 《西京赋》：张衡仿班固《两都赋》所作，与《东京赋》合称《二京赋》，描绘长安的繁华，有较高的文学价值和研究价值。张衡，字平子，河南南阳人，东汉文学家、科学家，其文集已佚，今流传的《张河间集》为辑佚本。

3. 赑屃：传说中为龙的第六子，似龟，喜负重。此处意指壮猛有力的样子。

◎

汉武徙南岳之祭于庐江灊(qián)县[1]霍山[2]之上，无水。庙有四镬，可受四十斛。至祭时，水辄自满，用之足了，事毕即空。尘土树叶，莫之污也。

积五十岁，岁作四祭。后但作三祭，一镬自败。

1. 灊县：古县名，秦置，治所在今安徽霍山县。
2. 霍山：天柱山。

◎

樊口[1]之东有樊山，若天旱，以火烧山，即至大雨。今往往有验。

1. 樊口：地名，在今湖北鄂州市西北，因系樊港入江之口，故而得名。

◎

空桑之地[1]，今名为孔窦，在鲁南山之穴。外有双石，如桓楹[2]起立，高数丈。

鲁人弦歌祭祀。穴中无水，每当祭时，洒扫以告，辄有清泉自石间出，足以周事。

既已，泉亦止。其验至今存焉。

1. 空桑之地：上古地区名，主要在今鲁西豫东一带，传为伊尹、孔子出生地。
2. 桓楹：天子、诸侯下葬时下棺用的柱子。柱子有孔，以穿绳索悬棺送入墓穴。

◎

湘穴中有黑土。岁大旱，人则共壅水以塞此穴。穴淹，则大雨立至。

◎

秦惠王[1]二十七年，使张仪[2]筑成都城，屡颓。忽有大龟浮于江，至东子城东南隅而毙。

仪以问巫。巫曰：“依龟筑之便就。”故名龟化城。

1. 秦惠王：秦惠文王，其在位期间称“王”，成为秦国第一位称王的国君。
2. 张仪：战国时期纵横家，从鬼谷子学习纵横之术，游说六国，得秦惠王赏识，封为相国。张仪为相期间，游说各国连横抗纵，瓦解了苏秦的合纵抗秦的阵营。

◎

由拳县，秦时长水县也。始皇时童谣曰：“城门有血，城当陷没为湖。”

有妪闻之，朝朝往窥。门将欲缚之，妪言其故。后门将以犬血涂门，妪见血，便走去。

忽有大水欲没县。主簿令干[1]入白令。令曰：“何忽作鱼？”干曰：“明府亦作鱼。”

遂沦为湖。

1. 干：干人，低等的官吏。

◎

秦时，筑城于武周塞[1]内，以备胡，城将成而崩者数焉。

有马驰走，周旋反复。父老异之，因依马迹以筑城，城乃不崩。

遂名马邑。其故城今在朔州[2]。

1. 武周塞：古要塞名，在今山西左云至大同一带。
2. 朔州：古州名，北齐置，治所在今山西朔州市一带。

◎

汉武帝凿昆明池[1]，极深，悉是灰墨，无复土。举朝不解，以问东方朔。朔曰："臣愚不足以知之，可试问西域人。"帝以朔不知，难以移问。

至后汉明帝时，西域道人入来洛阳。时有忆方朔言者，乃试以武帝时灰墨问之。道人云："经云：'天地大劫将尽，则劫烧。’此劫烧之余也。”

乃知朔言有旨。

1. 昆明池：汉武帝元狩三年在长安西南所凿，周长二十千米，用以操练水战。

◎

临汜(sì)县有廖氏，世老寿。后移居，子孙辄残折。

他人居其故宅，复累世寿。乃知是宅所为，不知何故。疑井水赤，乃掘井左右，得古人埋丹砂数十斛。丹汁入井，是以饮水而得寿。

◎

江东名余腹者。

昔吴王阖闾(lǘ)[1]江行，食脍，有余，因弃中流，悉化为鱼。今鱼中有名吴王脍(kuài)余者，长数寸，大者如箸，犹有脍形。

1. 阖闾：又称公子光，春秋末期吴国君主。他派专诸刺杀吴王僚而自立。曾领兵伐楚，攻入郢都（在今湖北江陵西北），后为越王勾践所败。

◎

蟛蚏（péng yuè），蟹也。尝通梦于人，自称“长卿”。今临海[1]人多以“长卿”呼之。

1. 临海：古郡名，三国时期吴国置，治所在今浙江临海市一带。

◎

南方有虫，名𧑒蝺（tūn yú），一名蠈蝎（zéi zhú），又名青蚨（fú），形似蝉而稍大，味辛美，可食。生子必依草叶，大如蚕子。取其子，母即飞来，不以远近。虽潜取其子，母必知处。

以母血涂钱八十一文，以子血涂钱八十一文。每市物，或先用母钱，或先用子钱，皆复飞归，轮转无已。

故《淮南子术》[1]以之还钱，名曰“青蚨”。

1.《淮南子术》:《淮南万毕术》。

◎

土蜂，名曰“蜾蠃(guǒ luǒ)”，今世谓“蛔蝓(yīn yōng)”，细腰之类。其为物雄而无雌，不交，不产。常取桑虫或阜螽(zhōng)[1]子育之，则皆化成己子。亦或谓之“螟蛉(míng líng)”。《诗》曰“螟蛉有子，果蠃负之”是也。

1. 阜螽：蝗的幼虫。

◎

木蠹(dù)[1]生虫，羽化为蝶。

1. 蠹：蛀蚀。

猬多刺，故不使超逾杨柳。

昆仑之墟(qū)，地首也。是惟帝之下都，故其外绝以弱水之深，又环以炎火之山。山上有鸟兽草木，皆生育滋长于炎火之中，故有火浣(huàn)布。非此山草木之皮枲(xǐ)[1]，则其鸟兽之毛也。

汉世西域旧献此布，中间久绝。至魏初时，人疑其无有。文帝以为火性酷裂，无含生之气，著之《典论》[2]，明其不然之事，绝智者之听。

及明帝立，诏三公曰：“先帝昔著《典论》，不朽之格言。其刊石于庙门之外及太学，与石经[3]并以永示来世。”

至是，西域使人献火澣布袈裟，于是刊灭此论，而天下笑之。

1. 枲：大麻的雄株，只开雄花。
2. 《典论》：书名，三国时期魏文帝曹丕著，今残存《自序》《论文》《论方术》三篇。
3. 石经：这里指“正始石经”。三国时期魏帝曹芳在正始年间用古文、篆、隶三种字体所刻，内容为儒家经书。

◎

夫金之性一也，以五月丙午日中铸，为阳燧；以十一月壬子夜半铸，为阴燧。言丙午日铸为“阳燧”，可取火；壬子夜铸为“阴燧”，可取水也。

◎

汉灵帝时，陈留蔡邕[1]以数上书陈奏，忤上旨意，又内宠恶之。虑不免，乃亡命江海，远迹吴会[2]。

至吴，吴人有烧桐以爨者，邕闻火烈声，曰：“此良材也。”因请之，削以为琴，果有美音。而其尾焦，因名焦尾琴。

1. 蔡邕：字伯喈，陈留圉（今河南杞县西南）人。东汉末年文学家、书法家，精通音律，又精于书法，擅篆、隶书，尤以隶书造诣最深。其所创“飞白”书体，对后世影响极大。
2. 吴会：东汉时分会稽郡为吴郡、会稽二郡，并称“吴会”，后泛指两郡故地。

◎

蔡邕尝至柯亭[1]，以竹为椽。邕仰盼之，曰："良竹也。"取以为笛，发声辽亮。

一云邕告吴人曰："吾昔尝经会稽高迁亭，见屋东间第十六竹椽，可为笛。取用，果有异声。"

1. 柯亭：古地名，又名高迁亭、千秋亭，产良竹，在今浙江绍兴市西南。

搜神记
卷十四

◎

昔高阳氏[1]，有同产而为夫妇，帝放之于崆峒（kōng tóng）之野，相抱而死。

神鸟以不死草覆之，七年，男女同体而生。二头，四手足，是为蒙双氏。

1. 高阳氏：颛顼，传说中上古五帝之一，黄帝之孙。

◎

高辛氏[1]，有老妇人，居于王宫，得耳疾历时。医为挑治，出顶虫，大如茧。妇人去后，置以瓠蓠（hù lí）[2]，覆之以盘，俄尔顶虫乃化为犬，其文五色，因名盘瓠，遂畜之。

时戎吴强盛，数侵边境，遣将征讨，不能擒胜。乃募天下有能得戎吴将军首者，购金千斤，封邑万户，又赐以少女。后盘瓠衔得一头，将造王阙。王诊视之，即是戎吴。为之奈何？群臣皆曰："盘瓠是畜，不可官秩，又不可妻。虽有功，无施也。"

少女闻之，启王曰："大王既以我许天下矣。盘瓠衔首而来，为国除害，此天命使然，岂狗之智力哉。王者重言，伯者重信，不可以女子微躯，而负明约于天下，国之祸也。"王惧而从之，令少女从盘瓠。

盘瓠将女上南山，草木茂盛，无人行迹。于是女解去衣裳，为仆竖之结[3]，着独力之衣，随盘瓠升山，入谷，止于石室之中。王悲思之，遣往视觅，天辄风雨，岭震云晦，往者莫至。

盖经三年，产六男、六女。盘瓠死后，自相配偶，因为夫妇。织绩木皮，染以草实。好五色衣服，裁制皆有尾形。

后母归，以语王。王遣使迎诸男女，天不复雨。

衣服褊裢(lián)[4]，言语侏俪(zhū lí)[5]，饮食蹲踞，好山恶都。王顺其意，赐以名山广泽，号曰“蛮夷”。

蛮夷者，外痴内黠，安土重旧，以其受异气于天命，故待以不常之律。田作贾贩，无关繻(rú)[6]、符传[7]、租税之赋。有邑君长，皆赐印绶。冠用獭(tǎ)皮，取其游食于水。今即梁汉[8]、巴蜀[9]、武陵[10]、长沙[11]、庐江郡夷是也。用糁(sǎn)[12]杂鱼肉，叩槽而号，以祭盘瓠，其俗至今。故世称“赤髀(bì)[13]横裙，盘瓠子孙”。

1. 高辛氏：帝喾，黄帝曾孙，传说中上古五帝之一。
2. 瓠蓠：一种器皿。瓠，一种葫芦，嫩时可食用，老时可以作器皿。蓠，通“篱”，小而高的箩筐。
3. 结：通“髻”，发髻。
4. 褊裢：《后汉书·南蛮西南夷列传》作“斑兰”，即斑斓，指衣服颜色靓丽多彩。
5. 侏俪：形容方言、少数民族或外国的语言文字怪异，难以理解。
6. 关繻：出入关隘的帛制通行证。

7. 符传：古时出行所需的凭证。《墨子·号令》："诸城门若亭，谨候视往来行者符，符传疑，若无符，皆诣县廷言，请问其所使。其有符传者，善舍官府。"
8. 梁汉：梁，古州名，治所在今陕西勉县。魏灭蜀汉，将其分为益州、梁州。汉，古郡名，秦汉设置，治所在今陕西汉中。
9. 巴蜀：指巴郡和蜀郡，秦置。巴郡，治江州（今重庆市北嘉陵江北岸）。蜀郡，治汉嘉（今雅安市名山区北）。
10. 武陵：古郡名。汉置，治所在今湖南常德。
11. 长沙：秦置郡，西汉改郡为国，治所在今湖南长沙市。
12. 糁：米饭。
13. 髀：大腿。

◎

gǎo
槀离[1]国王侍婢有娠，王欲杀之。婢曰："有气如鸡子，从天来下，故我有娠。"

后生子，捐[2]之猪圈中，猪以喙嘘之；徙至马枥中，马复以气嘘之，故得不死。王疑以为天子也，乃令其母收畜之，名曰"东明"。常令牧马。

东明善射，王恐其夺己国也，欲杀之。东明走，南至施掩水，以弓击水，鱼鳖浮为桥，东明得渡。鱼鳖解散，追兵不得渡。因都王夫余[3]。

1. 橐离：北方夷国。

2. 捐：抛弃，舍弃。

3. 夫余：也作“扶余”，古国名，故址在今东北地区。据《三国志》载，其地界南接高句丽，东临挹娄，西与鲜卑相邻，北有弱水，幅员辽阔。地形多山、多水泽，适宜种植五谷。夫余人身材魁梧，性格勇猛厚道，不善侵扰劫掠。

◎

古徐国宫人娠而生卵，以为不祥，弃之水滨。有犬，名鹄苍，衔卵以归。遂生儿，为徐嗣君。

后鹄苍临死，生角而九尾，实黄龙也。葬之徐里中。见有狗垄在焉。

◎

斗伯比[1]父早亡，随母归在舅姑之家。后长大，乃奸妘(yún)[2]子之女，生子文。其妘子妻耻女不嫁而生子。乃弃于山中。

妘子游猎，见虎乳一小儿，归与妻言。妻曰：“此是我女与伯比私通生此小儿。我耻之，送于山中。”

妘子乃迎归养之，配其女与伯比。楚人因呼子文为谷乌菟（tú）。仕至楚相也。

1. 斗伯比：春秋时楚人，为楚国令尹。
2. 妘：姓氏。

◎

齐惠公[1]之妾萧同叔子见御[2]，有身，以其贱，不敢言也。取薪而生顷公[3]于野，又不敢举也。

有狸乳而鹯（zhān）[4]覆之。人见而收，因名曰无野。是为顷公。

1. 齐惠公：齐桓公之子。在位期间承袭齐桓公霸业，维持了齐国稳定。
2. 见御：得帝王临幸。
3. 顷公：齐顷公。在位时致力于国政，轻徭薄赋，深受百姓爱戴。
4. 鹯：鹰鹞类猛禽。

◎

袁钔者，羌豪[1]也。秦时，拘执为奴隶，后得亡去。

秦人追之急迫，藏于穴中。秦人焚之，有景相[2]如虎来为蔽，故得不死。

诸羌神之，推以为君。其后种落[3]炽盛。

1. 豪：卓越的豪杰，人物。
2. 景相：景象，指形状。
3. 种落：种族部落。

◎

后汉定襄[1]太守窦奉[2]妻生子武，并生一蛇。奉送蛇于野中。

及武长大，有海内俊名。母死，将葬未窆，宾客聚集，有大蛇从林草中出，径来棺下，委地俯仰，以头击棺，血涕并流，状若哀恸，有顷而去。

时人知为窦氏之祥。

1. 定襄：古郡名。汉置，治所在今内蒙古和林格尔县北土城子。
2. 窦奉：汉桓帝窦皇后的祖父。

◎

晋怀帝永嘉中，有韩媪者，于野中见巨卵。持归育之，得婴儿，字曰撅儿。

方四岁，刘渊筑平阳城，不就。募能城者，撅儿应募。因变为蛇，令媪遗灰志其后，谓媪曰："凭灰筑城，城可立就。"竟如所言。

渊怪之，遂投入山穴间，露尾数寸，使者斩之。忽有泉出穴中，汇为池，因名"金龙池"。

◎

元帝永昌[1]中，暨阳[2]人任谷因耕息于树下，忽有一人着羽衣就淫之。既而不知所在。谷遂有妊。

积月，将产，羽衣人复来，以刀穿其阴下，出一蛇子便去。

谷遂成宦者，诣阙自陈，留于宫中。

1. 永昌：晋元帝司马睿年号，公元 322—323 年。
2. 暨阳：古县名，晋置，治所在今江苏江阴市东南。

◎

旧说太古之时，有大人远征，家无余人，唯有一女。牡马一匹，女亲养之。穷居幽处，思念其父，乃戏马曰：“尔能为我迎得父还，吾将嫁汝。”

马既承此言，乃绝缰而去，径至父所。父见马，惊喜，因取而乘之。马望所自来，悲鸣不已。父曰：“此马无事如此，我家得无有故乎！”亟乘以归。

为畜生有非常之情，故厚加刍养。马不肯食。每见女出入，辄喜怒奋击。如此非一。父怪之，密以问女，女具以告父：“必为是故。”父曰：“勿言，恐辱家门。且莫出入。”于是伏弩射杀之，暴皮于庭。

父行，女以邻女于皮所戏，以足蹙[1]之曰：“汝是畜生，而欲取人为妇耶？招此屠剥，如何自苦？”言未及竟，马皮蹶然而起，卷女以行。邻女忙怕，不敢救之，走告其父。父还求索，已出失之。

后经数日，得于大树枝间，女及马皮，尽化为蚕，而绩于树上。其茧纶理厚大，异于常蚕。邻妇取而养之，其收数倍。因名其树曰桑。桑者，丧也。由斯百姓竞种之，今世所养是也。

言桑蚕者，是古蚕之余类也。案《天官》：“辰为马星。”[2]《蚕书》曰：“月当大火，则浴其种。”[3]是蚕与马同气也。《周礼》：“教人职掌，禁原蚕者。”注云：“物莫能两大，禁原蚕者，为其伤马也。”[4]

汉礼，皇后亲采桑，祀蚕神曰：“菀窳妇人，寓氏公主。”[5]公主者，女之尊称也。菀窳妇人，先蚕者也。故今世或谓蚕为女儿者，是古之遗言也。

1. 蹷：通“蹴”，踩，踏。
2. 此为郑玄注《周礼·夏官》“马质”文。《天官》应指《史记·天官书》。辰指心宿，为东方星宿之一，又称商星。辰也可指大辰，包含房、心、尾三宿。房宿又称天驷，与车驾相关，因此说“辰为马星”。
3. 亦见郑玄注《周礼·夏官》“马质”文。《蚕书》，古时讲述养蚕的书。
4. “《周礼》：‘教人职掌，禁原蚕者。’注云……”句：原文作“校人”而非“马质”，《周礼·校人》：“校人掌王马之政，辨六马之属。”《周礼·马质》有“禁原蚕者”，《周礼·校人》无。原蚕，春秋第二次孵化的蚕。
5. “汉礼，皇后亲采桑……”句：《后汉书·礼仪志上》记载：“皇后帅公卿诸侯夫人蚕，祠先蚕，礼以少劳。”唐李贤注文引《汉旧仪》：“春桑生而皇后亲桑，于苑中蚕室，养蚕千薄以上，祠以中牢羊豕。今蚕神曰菀窳妇人、寓氏公主，凡二神。”

◎

羿请无死之药于西王母，嫦娥窃之以奔月。

将往，枚筮[1]之于有黄。有黄占之曰："吉。翩翩归妹，独将西行。逢天晦芒，毋恐毋惊。后且大昌。"

嫦娥遂托身于月，是为蟾蠩(chú)[2]。

1. 枚筮：一种简易的卜筮方法。
2. 蟾蠩：蟾蜍。

◎

舌埵(duǒ)山[1]，帝之女死，化为怪草，其叶郁茂，其华黄色，其实如兔丝[2]。

故服怪草者，恒媚于人焉。

1. 舌埵山：姑媱之山。《山海经·中山经》："又东二百里，曰姑媱之山。帝女死焉，其名曰女尸，化为䔄草，其叶胥成，其华黄，其实如菟丘，服之媚于人。"
2. 兔丝：菟丝。俗称菟丝子。蔓生，茎细长，缠络于其他植物上。花淡红色，子可入药。

◎

荥阳县南百余里，有兰岩山，峭拔千丈。常有双鹤，素羽皦(jiǎo)然[2]，日夕偶影翔集。

相传云，昔有夫妇隐此山，数百年，化为双鹤，不绝往来。忽一旦，一鹤为人所害，其一鹤岁常哀鸣。至今响动岩谷，莫知其年岁也。

1. 皦然：洁白明亮的样子。

◎

豫章新喻县[1]男子，见田中有六七女，皆衣毛衣，不知是鸟。匍匐往，得其一女所解毛衣，取藏之，即往就诸鸟。诸鸟各飞去，一鸟独不得去。男子取以为妇。生三女。

其母后使女问父，知衣在积稻下，得之，衣而飞去。后复以迎三女，女亦得飞去。

1. 新喻县：三国吴置新渝县，后讹变为新喻，今江西新余。

◎

汉灵帝时，江夏黄氏之母浴盘水中，久而不起，变为鼋（yuán）矣。

婢惊走告。比家人来，鼋转入深渊。其后时时出见。初浴，簪一银钗，犹在其首。

于是黄氏累世不敢食鼋肉。

◎

魏黄初中，清河[1]宋士宗母，夏天于浴室里浴，遣家中大小悉出，独在室中。

良久，家人不解其意，于壁穿中窥之。不见人体，见盆水中有一大鳖。遂开户，大小悉入，了不与人相承。尝先着银钗，犹在头上。

相与守之啼泣，无可奈何。意欲求去，永不可留。视之积日，转懈。自捉出户外。其去甚驶，逐之不及，遂便入水。后数日，忽还，巡行宅舍如平生，了无所言而去。

时人谓士宗应行丧治服，士宗以母形虽变，而生理尚存，竟不治丧。此与江夏黄母相似。

1. 清河：古郡名，西汉置，治所在今河北邢台市东北部。东汉时改为国，移治所于今山东临清，到北齐魏国仍改为郡。

◎

吴孙皓宝鼎[1]元年六月晦[2]，丹阳宣骞母，年八十矣，亦因洗浴化为鼋，其状如黄氏。

骞兄弟四人，闭户卫之，掘堂上作大坎[3]，泻水其中。鼋入坎游戏。一二日间，恒延颈外望。伺户小开，便轮转自跃入于深渊。遂不复还。

1. 宝鼎：三国时期吴国最后一个皇帝孙皓的年号，公元266—269年。
2. 晦：农历每月最后一日。
3. 坎：坑穴。

◎

汉献帝建安中，东郡民家有怪。无故，瓮器自发訇（hōng）訇[1]作声，若有人击；盘案在前，忽然便失；鸡生子，辄失去。如是数岁，人甚恶之。

乃多作美食，覆盖，著一室中，阴藏户间窥伺之。果复重来，发声如前。闻，便闭户，周旋室中，了无所见。乃暗[2]以杖挝之。良久，于室隅间有所中，便闻呻吟之声，曰："哊（yòu）[3]！哊！宜死。"

开户视之，得一老翁，可百余岁，言语了不相当，貌状颇类于兽。遂行推问，乃于数里外得其家，云："失来十余年。"得之哀喜。

后岁余，复失之。闻陈留界复有怪如此。时人咸以为此翁。

1. 訇訇：象声词，形容声音大。
2. 暗：悄悄地。
3. 哨：呻吟声。

搜神记
卷十五

◎

秦始皇时，有王道平，长安人也。少时与同村人唐叔偕女，小名父喻，容色俱美，誓为夫妇。寻王道平被差征伐，落堕南国，九年不归。

父母见女长成，即聘与刘祥为妻。女与道平，言誓甚重，不肯改事。父母逼迫，不免出嫁刘祥。经三年，忽忽不乐，常思道平，忿怨之深，悒（yì）悒[1]而死。

死经三年，平还家，乃诘邻人：“此女安在？”邻人云：“此女意在于君，被父母凌逼，嫁与刘祥，今已死矣。”平问：“墓在何处？”

邻人引往墓所。平悲号哽咽，三呼女名，绕墓悲苦，不能自止。平乃祝曰：“我与汝立誓天地，保其终身，岂料官有牵缠，致令乖隔，使汝父母与刘祥，既不契于初心，生死永诀。然汝有灵圣，使我见汝生平之面。若无神灵，从兹而别。”言讫，又复哀泣逡巡。

其女魂自墓出，问平：“何处而来？良久契阔。与君誓为夫妇，以结终身，父母强逼，乃出聘刘祥，已经三年，日夕忆君，结恨致死，乖隔幽途。然念君宿念不忘，再求相慰，妾身未损，可以再生，还为夫妇。且速开冢破棺，出我即活。”

平审言，乃启墓门，扪看其女，果活。乃结束随平还家。其夫刘祥闻之，惊怪，申诉于州县。检律断之，无条，乃录状奏王。王断归道平为妻。

寿一百三十岁。实谓精诚贯于天地，而获感应如此。

1. 悒悒：愁闷不安的样子。

◎

晋武帝世，河间郡[1]有男女私悦，许相配适。寻而男从军，积年不归。女家更欲适之，女不愿行，父母逼之，不得已而去，寻病死。

其男戍还，问女所在，其家具说之。乃至冢，欲哭之尽哀，而不胜其情，遂发冢，开棺，女即苏活。因负还家，将养数日，平复如初。

后夫闻，乃往求之。其人不还，曰："卿妇已死。天下岂闻死人可复活耶？此天赐我，非卿妇也。"于是相讼，郡县不能决，以谳（yàn）[2]廷尉。

秘书郎王导[3]奏以"精诚之至，感于天地，故死而更生，此非常事，不得以常礼断之。请还开冢者"。朝廷从其议。

1. 河间郡：古郡国名，汉初置，多次在郡与国间变动，辖地渐减。
2. 谳：审判定罪。
3. 王导：字茂弘，琅琊临沂（今山东临沂）人，东晋开国元勋、政治家、书法家。他助晋元帝建立东晋，多次平定内乱，影响力极大，有“王与马，共天下”之称。

◎

汉献帝建安中，南阳贾偶，字文合，得病而亡。时有吏，将诣太山[1]，司命阅簿，谓吏曰：“当召某郡文合，何以召此人？可速遣之。”

时日暮，遂至郭外树下宿，见一年少女独行。文合问曰：“子类衣冠，何乃徒步？姓字为谁？”女曰：“某，三河[2]人，父见为弋阳[3]令。昨被召来，今却得还。遇日暮，惧获瓜田李下之讥[4]。望君之容，必是贤者，是以停留，依凭左右。”文合曰：“悦子之心，愿交欢于今夕。”女曰：“闻之诸姑，女子以贞专为德，洁白为称。”文合反复与言，终无动志。

天明，各去。文合卒已再宿，停丧将殓，视其面，有色，扪心下，稍温。少顷，却苏。后文合欲验其实，遂至弋阳，修刺[5]谒令，因问曰：“君女宁卒而却苏耶？”具说女子姿质、服色、言语，相反覆本末。

令入问女，所言皆同。乃大惊叹，竟以此女配文合焉。

1. 太山：泰山。传说泰山有东岳大帝，掌人间生死。

2. 三河：河内、河东、河南的统称，在今河南洛阳黄河南北一带。汉司马迁《史记·货殖列传》："昔唐人都河东，殷人都河内，周人都河南。夫三河在天下之中，若鼎足，王者所更居也。"
3. 弋阳：古县名，西汉置，治所在今河南潢川西。
4. 瓜田李下之讥：出自三国魏曹植《君子行》："君子防未然，不处嫌疑间；瓜田不纳履，李下不正冠。""瓜田李下"比喻容易引起嫌疑的场合。
5. 刺：名帖，多以木制成。

◎

汉建安四年二月，武陵[1]充县妇人李娥，年六十岁，病卒，埋于城外，已十四日。

娥比舍有蔡仲，闻娥富，谓殡当有金宝，乃盗发冢求金，以斧剖棺。斧数下，娥于棺中言曰："蔡仲！汝护我头。"仲惊，遽便出走，会为县吏所见，遂收治。依法，当弃市[2]。

娥儿闻母活，来迎出，将娥回去。武陵太守闻娥死复生，召见，问事状。娥对曰："闻谬为司命所召，到时得遣出。过西门外，适见外兄刘伯文，惊相劳问，涕泣悲哀。娥语曰：'伯文，我一日误为所召，今得遣归，既不知道，不能独行，为我得一伴否？又我见召在此，已十余日，形体又为家人所葬埋，归，当那得自出？’伯文曰：‘当为问之。’即遣门卒与户曹相问：‘司命一日误召武陵女子李娥，今得遣还。娥在此积日，尸丧，又当殡殓，当作何等得出？又女弱，独行，岂当有伴耶？是吾外妹，幸为便安之。’答曰：‘今武陵西界，有男子李黑，亦得遣还，便可为伴。兼敕黑过娥比舍蔡仲，发出娥也。’于是娥遂得出。与伯文别，伯文曰：‘书一封，以与儿佗。’娥遂与黑俱归。事状如此。”

太守闻之，慨然叹曰：“天下事真不可知也。”乃表，以为蔡仲虽发冢，为鬼神所使，虽欲无发，势不得已，宜加宽宥。诏书报可。

太守欲验语虚实，即遣马吏于西界，推问李黑。得之，与黑语协。乃致伯文书与佗。佗识其纸，乃是父亡时送箱[3]中文书也。表文字犹在也，而书不可晓。乃请费长房读之，曰：“告佗：我当从府君出案行部，当以八月八日日中时，武陵城南沟水畔顿。汝是时必往。”

到期，悉将大小于城南待之。须臾果至，但闻人马隐隐之声，诣沟水，便闻有呼声曰：“佗来。汝得我所寄李娥书不耶？”曰：“即得之，故来至此。”伯文以次呼家中大小，久之，悲伤断绝，曰：“死生异路，不能数得汝消息。吾亡后，儿孙乃尔许大。”良久，谓佗曰：“来春大病，与此一丸药，以涂门户，则辟来年妖疠矣。”言讫，忽去，竟不得见其形。

至来春，武陵果大病，白日皆见鬼，唯伯文之家，鬼不敢向。费长房[4]视药丸，曰："此'方相'脑也。"

1. 武陵：古郡名，西汉置，充县为其属地，东汉以后治所在今湖南常德。
2. 弃市：初指在闹市中处罚罪人，让民众鄙弃，后来专指死刑。《礼记·王制》："刑人于市，与众弃之。"
3. 送箱：随死者入坟的陪葬箱子。
4. 费长房：东汉方士，学仙未成，得一符，遂能医治众病、鞭笞百鬼及驱使社公。后失符，费长房被众鬼杀死。事见南朝宋范晔《后汉书·费长房传》。

◎

汉陈留考城[1]史姁（xū），字威明，年少时，尝病，临死，谓母曰："我死，当复生。埋我，以竹杖柱于瘗[2]上，若杖折，掘出我。"

及死，埋之柱，如其言。七日，往视，杖果折。即掘出之，已活。走至井上，浴，平复如故。

后与邻船至下邳卖锄，不时售，云："欲归。"人不信之，曰："何有千里暂得归耶？"答曰："一宿便还。"即书，取报以为验。实一宿便还，果得报。

考城令江夏鄳（méng）[3]贾和姊病，在邻里，欲急知消息，请往省之。路遥三千，再宿还报。

1. 考城：古县名，在今河南省东部。
2. 瘗：埋祭品或尸体、随葬物，本文应指坟墓。
3. 郾：古县名，在今河南罗山一带。

◎

会稽贺瑀（yǔ），字彦琚，曾得疾，不知人，惟心下温，死三日，复苏。

云："吏人将上天，见官府，入曲房，房中有层架，其上层有印，中层有剑，使瑀惟意所取。而短不及上层，取剑以出。门吏问：'何得？'云：'得剑。'曰：'恨不得印，可策百神，剑惟得使社公耳。'"

疾愈，果有鬼来，称社公。

◎

戴洋，字国流，吴兴长城[1]人。年十二，病死，五日而苏。

说死时，天使为酒藏吏[2]，授符箓，给吏从幡麾，将上蓬莱、昆仑、积石[3]、太室[4]、庐、衡等山，既而遣归。

妙解占候，知吴将亡，托病不仕，还乡里。行至濑乡，经老子祠，皆是洋昔死时所见使处，但不复见昔物耳。

因问守藏应凤曰："去二十余年，尝有人乘马东行，经老君祠而不下马，未达桥，坠马死者否？"凤言有之。所问之事，多与洋同。

1. 吴兴：郡名，三国时期吴国设置，治所在今浙江吴兴县南。长城：县名，治所在今浙江省长兴县东南。
2. 酒藏吏：官名，掌酿造、藏酒之事的官吏。
3. 积石：积石山，昆仑山脉中支，又叫阿尼玛卿山，在青海东南部，延伸至甘肃南部边境。
4. 太室：太室山，嵩山东峰。

◎

吴临海松阳[1]人柳荣，从吴相张悌至扬州。荣病死船中，二日，军士已上岸，无有埋之者。忽然大叫，言："人缚军师！人缚军师！"声甚激扬。遂活。

人问之。荣曰："上天北斗门下，卒见人缚张悌，意中大愕，不觉大叫言：'何以缚军师？'门下人怒荣，叱逐使去。荣便怖惧，口余声发扬耳。”

其日，悌即死战。荣至晋元帝时犹存。

1. 松阳：古县名，在今浙江丽水松阳。

◎

吴国富阳人马势妇，姓蒋。村人应病死者，蒋辄恍惚熟眠经日，见病人死，然后省觉。

觉则具说，家中人不信之。语人云：“某中病，我欲杀之，怒强魂难杀，未即死。我入其家内，架上有白米饭、几种鲑(xié)[1]。我暂过灶下戏，婢无故犯我，我打其脊，使婢当时闷绝，久之乃苏。”

其兄病，有乌衣人令杀之，向其请乞，终不下手。醒，乃语兄云：“当活。”

1. 鲑：古代鱼类菜肴的总称。

◎

晋咸宁[1]二年十二月，琅琊颜畿，字世都，得病，就医张瑳使治，死于张家。棺敛已久，家人迎丧，旐(zhào)[2]每绕树木而不可解。人咸为之感伤。

引丧者忽颠仆，称畿言曰："我寿命未应死，但服药太多，伤我五脏耳。今当复活，慎无葬也。"其父拊而祝之，曰："若尔有命，当复更生，岂非骨肉所愿。今但欲还家，不尔葬也。"旐乃解。

及还家，其妇梦之曰："吾当复生，可急开棺。"妇便说之。其夕，母及家人又梦之。即欲开棺，而父不听。其弟含，时尚少，乃慨然曰："非常之事，自古有之。今灵异至此，开棺之痛，孰与不开相负？"父母从之。

乃共发棺，果有生验。以手刮棺，指爪尽伤，然气息甚微，存亡不分矣，于是急以绵饮沥口[3]，能咽，遂与出之。将护累月，饮食稍多，能开目视瞻，屈伸手足，不与人相当，不能言语，饮食所须，托之以梦。

如此者十余年，家人疲于供护，不复得操事。含乃弃绝人事，躬亲侍养，以知名州党。后更衰劣，卒复还死焉。

1. 咸宁：晋武帝司马炎年号。

2. 旐：出丧时，为棺材引路的旗子。

3. 绵饮沥口：用丝绵蘸水往嘴里滴，多用此法给昏迷的人喂水。

◎

羊祜[1]年五岁时，令乳母取所弄金镮。乳母曰："汝先无此物。"祜即诣邻人李氏东垣桑树中，探得之。

主人惊曰："此吾亡儿所失物也，云何持去？"乳母具言之。李氏悲惋。时人异之。

1. 羊祜：西晋杰出战略家、政治家、文学家。曾任中军将军、车骑将军，督荆州事务，其间安抚百姓，深得民心。主张以德服吴，临终时举荐杜预接替自己的官职，完成灭吴统一大业，事见《晋书·列传第四》。

◎

汉末，关中大乱，有发前汉宫人冢者，宫人犹活，既出，平复如旧。

魏郭后[1]爱念之，录置宫内，常在左右，问汉时宫中事，说之了了，皆有次绪。

郭后崩，哭泣过哀，遂死。

1. 郭后：郭皇后，字王女，安平郡广宗县（今河北省广宗县）人，魏文帝曹丕第二任皇后。她勤俭简朴，品行高尚，协助曹丕治国，深受尊敬。死后谥号文德皇后，葬于首阳陵。

◎

魏时太原[1]发冢，破棺，棺中有一生妇人。将出与语，生人也。

送之京师，问其本事，不知也。视其冢上树木，可三十岁。不知此妇人三十岁，常生于地中耶？将一朝欻(xū)[2]生，偶与发冢者会也？

1. 太原：古郡名，秦置。魏文帝曹丕改太原郡为太原国，后又改回太原郡，辖十二县。治所在今山西太原。
2. 欻：忽然。

◎

晋世杜锡，字世嘏(gǔ)，家葬而婢误不得出。

后十余年，开冢祔(fù)葬[1]，而婢尚生。云：“其始如瞑目，有顷渐觉。”问之，自谓：“当一再宿耳。”

初婢埋时，年十五六，及开冢后，姿质如故。更生十五六年，嫁之，有子。

1. 祔葬：合葬。

◎

汉桓帝冯贵人，病亡。

灵帝时有盗贼发冢。七十余年，颜色如故，但肉小冷。群贼共奸通之，至斗争相杀，然后事觉。

后窦太后[1]家被诛，欲以冯贵人配食[2]。下邳陈公[3]达议："以贵人虽是先帝所幸，尸体秽污，不宜配至尊。"

乃以窦太后配食。

1. 窦太后：汉桓帝第三任皇后。桓帝死后，窦皇后以太后位临朝听政，立刘宏为帝。曾欲诛杀桓帝宠妃，后因其父谋诛宦官失败，被迁南宫。公元 172 年死，与桓帝合葬宣陵。
2. 配食：指祔祀于宗庙，同受祭享。
3. 陈公：陈球，字伯真，下邳郡淮浦县（今江苏涟水西）人，东汉大臣。历任郎中、尚书符节郎、太守等职，有政绩。后任廷尉，力争使窦太后得以与汉桓帝合葬。升任司空、光禄大夫等职，因地震、日食等灾异而策免。光和二年，参与诛杀宦官密谋，事泄被处死，年六十二。

◎

吴孙休时，戍将于广陵掘诸冢，取版[1]以治城，所坏甚多。

复发一大冢，内有重阁，户扇皆枢转可开闭，四周为徼道[2]，通车，其高可以乘马。又铸铜人数十，长五尺，皆大冠，朱衣，执剑，侍列灵坐。皆刻铜人背后石壁，言殿中将军，或言侍郎、常侍，似公侯之冢。

破其棺，棺中有人，发已班白，衣冠鲜明，面体如生人。棺中云母，厚尺许，以白玉璧三十枚藉[3]尸。兵人辈共举出死人，以倚冢壁。有一玉，长尺许，形似冬瓜，从死人怀中透出，堕地。两耳及孔鼻中，皆有黄金，如枣许大。

1. 版：筑土墙用的夹板。
2. 徼道：用以巡察的道路。
3. 藉：用草编的垫子，此处用作动词，意谓以玉璧垫在尸身之下。

◎

汉广川王[1]好发冢。发栾书[2]冢，其棺柩明器，悉毁烂无余。唯有一白狐，见人惊走。左右逐之，不得，戟伤其左足。

是夕，王梦一丈夫，须眉尽白，来谓王曰：“何故伤吾左足？”乃以杖叩王左足。王觉，肿痛，即生疮，至死不差。

1. 广川王：刘去，又称刘去疾，汉景帝刘启曾孙，自幼聪慧，十四五岁时便精通《易》《论语》《孝经》等经典，对文辞、方技、博弈和倡优等领域也颇有涉猎。刘去在位期间，以残暴著称，并大开贵族官僚盗墓之风，更因听信王后昭信的谗言，对后宫姬、婢进行了极其残酷的杀害。后因罪被削去王爵，放逐到上庸，在途中自杀，广川封国也因此被撤。
2. 栾书：春秋时期晋国大夫，历仕晋景公、晋厉公、晋悼公三朝。栾书执政时，维护晋国的霸权，但又党同伐异，后弑晋厉公，改立悼公。

搜神记
卷十六

◎

昔颛顼氏有三子，死而为疫鬼。一居江水，为疟鬼；一居若水，为魍魉鬼；一居人宫室，善惊人小儿，为小鬼。

于是正岁[1]命方相氏[2]帅肆傩（nuó）[3]以驱疫鬼。

1. 正岁：泛指农历的正月。
2. 方相氏：职官名。旧时掌管驱鬼除疫的官吏。《周礼·夏官》："方相氏，掌蒙熊皮，黄金四目，玄衣朱裳，执戈扬盾，帅百隶而时难，以索室驱疫。"
3. 傩：古时在腊月举行的一种驱鬼避疫的仪式。后来演变成为一种表示安庆的娱神舞蹈。

◎

挽歌者，丧家之乐，执绋者相和之声也。挽歌辞有《薤（xiè）露》《蒿里》[1]二章。汉田横[2]门人作。

横自杀，门人伤之，悲歌，言：人如薤上露，易晞灭。亦谓人死，精魂归于蒿里。

故有二章。

1.《薤露》《蒿里》：乐府《相和曲》名，挽歌。《薤露》：送王公贵人出殡所唱的挽曲。《蒿里》：送士大夫、平民出殡时所唱的挽曲。

2. 田横：秦末起义首领，本为齐国贵族，随其兄田儋起兵参与反秦之战，重建齐国。刘邦建汉称帝后，田横逃亡海岛。刘邦召田横赴洛阳，中途自刎而死。

◎

阮瞻，字千里，素执无鬼论，物莫能难。每自谓此理足以辨正幽明。

忽有客通名诣瞻，寒温[1]毕，聊谈名理[2]。客甚有才辨，瞻与之言，良久，及鬼神之事，反复甚苦。客遂屈，乃作色曰："鬼神，古今圣贤所共传，君何得独言无？即仆便是鬼。"于是变为异形，须臾消灭。

瞻默然，意色太恶。岁余，病卒。

1. 寒温：意谓冷暖。亦指见面时彼此问候生活起居，或泛谈气候寒暖等的应酬话。
2. 名理：指名和理的合称。战国时，名理指明是非、辨曲直，到魏晋时，名理指论辩，因此将善于论辩的人称为"善名理"。

◎

吴兴施续为寻阳[1]督，能言论。有门生亦有理意，常秉无鬼论。

忽有一黑衣白袷客来，与共语，遂及鬼神。移日[2]，客辞屈，乃曰："君辞巧，理不足。仆即是鬼。何以云无？" 问："鬼何以来？" 答曰："受使来取君。期尽明日食时[3]。"门生请乞，酸苦。鬼问："有人似君者否？" 门生云："施续帐下都督，与仆相似。"

便与俱往，与都督对坐。鬼手中出一铁凿，可尺余，安着都督头，便举椎打之。都督云："头觉微痛。"向来转剧，食顷，便亡。

1. 寻阳：郡名，晋置。郡治辖境相当于今九江市以西、湖北武穴市东的长江两岸地区。
2. 移日：日影移动，意思是时间过去了很久。
3. 食时：即上午七点到九点。古人在这段时间吃早饭，因此称"食时"。

◎

蒋济，字子通，楚国平阿[1]人也，仕魏，为领军将军。其妇梦见亡儿，涕泣曰："死生异路，我生时为卿相子孙，今在地下，为泰山伍伯[2]，憔悴困苦，不可复言。今太庙西讴士[3]孙阿见召为泰山令，愿母为白侯，属阿，令转我得乐处。”言讫，母忽然惊寤。

明日以白济。济曰：“梦为虚耳，不足怪也。”日暮，复梦曰：“我来迎新君，止在庙下。未发之顷，暂得来归。新君明日日中当发。临发多事，不复得归，永辞于此。侯气强难感悟，故自诉于母，愿重启侯，何惜不一试验之？”遂道阿之形状，言甚备悉。

天明，母重启济：“虽云梦不足怪，此何太适(dì)适[4]。亦何惜不一验之？”济乃遣人诣太庙下，推问孙阿，果得之，形状证验，悉如儿言。济涕泣曰：“几负吾儿。”

于是乃见孙阿，具语其事。阿不惧当死，而喜得为泰山令，惟恐济言不信也，曰：“若如节下[5]言，阿之愿也。不知贤子欲得何职？”济曰：“随地下乐者与之。”阿曰：“辄当奉教。”乃厚赏之。言讫，遣还。

济欲速知其验，从领军门至庙下，十步安一人，以传消息。辰时，传阿心痛；巳时，传阿剧；日中，传阿亡。济曰：“虽哀吾儿之不幸，且喜亡者有知。”

后月余，儿复来，语母曰：“已得转为录事[6]矣。”

1. 平阿：县名，东汉改平阿侯国，治所在今安徽怀远西南平阿山下。
2. 伍伯：职官名。古代的军队五人为一伍，一伍之长称为“伍伯”。

《古今注·舆服》云:“伍伯,一伍之伯。五人曰伍,伍长为伯,故称伍伯。”

3. 讴士:唱赞的人。
4. 適適:“適”通“谛”,仔细、清楚。
5. 节下:古时对将领的敬称;另外,对于使臣和地方官吏,也称“节下”。顾炎武《日知录·卷二十四》“阁下”条云:“前辈呼刺史、太守,亦曰‘节下’。”
6. 录事:职官名。掌管文书的官吏。

◎

汉令令支县[1]有孤竹城,古孤竹君之国也。

灵帝光和元年,辽西人见辽水中有浮棺,欲斫破之。棺中人语曰:“我是伯夷之弟[2],孤竹君也。海水坏我棺椁,是以漂流。汝斫我何为?”

人惧,不敢斫。因为立庙祠祀。吏民有欲发视者,皆无病而死。

1. 令支县:古县名,秦置,治所在今河北迁安市西一带。《汉书·地理志下》“辽西郡”下注云:“令支,有孤竹城。”
2. 伯夷之弟:即叔齐。伯夷、叔齐二人是商末孤竹君之子。孤竹君在位时想要立叔齐,他死后,叔齐让位于伯夷,伯夷亦让。

二人遂弃位，一齐逃奔于周。武王伐纣，二人往谏，不从。武王灭纣之后，二人在首阳山隐居，不食周粟，采薇而食，饿死于首阳山。

◎

温序，字公次，太原祁[1]人也，任护军校尉。

行部[2]至陇西，为隗嚣[3]将所劫，欲生降之。序大怒，以节挝杀人，贼趋，欲杀序。荀宇止之曰："义士欲死节。"赐剑，令自裁。

序受剑，衔须着口中，叹曰："无令须污土。"遂伏剑死。更始怜之，送葬到洛阳城旁，为筑冢。

长子寿，为印平侯，梦序告之曰："久客思乡。"寿即弃官，上书乞骸骨，归葬。帝许之。

1. 祁：县名，今山西省祁县，位于今山西省中部、汾河中游东岸、太原盆地中部一带。
2. 行部：巡行所属部域，考核政绩。
3. 隗嚣：字季孟，出身于陇右大族，年轻时在陇右为官，以知书通经而闻名，王莽末年被拥立为主，割据陇西地区。后归顺更始帝刘玄，自称"西州上将军"。及刘秀称帝，隗嚣逃回天水，后又投光武帝，却怀有二心，暗中作乱。最后兵败汉军，愤恨而终。

◎

汉南阳文颖，字叔长，建安中为甘陵[1]府丞。

过界止宿。夜三鼓[2]时，梦见一人跪前曰："昔我先人，葬我于此，水来湍墓，棺木溺，渍水处半，然无以自温。闻君在此，故来相依，欲屈明日暂住须臾，幸为相迁高燥处。"鬼披衣示颖，而皆沾湿。

颖心怆然，即寤。语诸左右，曰："梦为虚耳，亦何足怪？"颖乃还眠向寐处，梦见谓颖曰："我以穷苦告君，奈何不相愍[3]悼乎？"颖梦中问曰："子为谁？"对曰："吾本赵人，今属汪芒氏[4]之神。"颖曰："子棺今何所在？"对曰："近在君帐北十数步水侧枯杨树下，即是吾也。天将明，不复得见，君必念之。"颖答曰："喏！"忽然便寤。

天明，可发，颖曰："虽云梦不足怪，此何太适？"左右曰："亦何惜须臾，不验之耶？"

颖即起，率十数人将导顺水上，果得一枯杨，曰："是矣。"掘其下，未几，果得棺。棺甚朽坏，没半水中。颖谓左右曰："向闻于人，谓之虚矣；世俗所传，不可无验。"为移其棺，葬之而去。

1. 甘陵：古郡名，东汉安帝将厝县改为甘陵县。汉桓帝改县为国，后又改为郡。位于今山东临清东北。
2. 三鼓：三更。北齐颜之推《颜氏家训·书证》："汉魏以来，谓为甲夜、乙夜、丙夜、丁夜、戊夜；又云鼓，一鼓、二鼓、三鼓、四鼓、五鼓；亦云一更、二更、三更、四更、五更；皆以五为节。”

3. 愍：怜悯，哀怜。

4. 汪芒氏：相传是上古时期神话人物防风氏的后代。《国语·鲁语下》：“汪芒氏之君也，守封、嵎之山者也，为漆姓。在虞、夏、商为汪芒氏，于周为长狄，今为大人。”

◎

汉九江何敞，为交州刺史，行部到苍梧郡[1]高安县，暮宿鹄奔亭。

夜犹未半，有一女从楼下出，呼曰：“妾姓苏，名娥，字始珠，本居广信县修里人。早失父母，又无兄弟，嫁与同县施氏。薄命夫死，有杂缯帛百二十匹，及婢一人，名致富。妾孤穷羸弱，不能自振，欲之傍县卖缯。从同县男子王伯赁牛车一乘，直钱万二千，载妾并缯，令致富执辔，乃以前年四月十日到此亭外。

“于时日已向暮，行人断绝，不敢复进，因即留止。致富暴得腹痛，妾之亭长舍乞浆，取火。亭长龚寿操戈持戟，来至车旁，问妾曰：‘夫人从何所来？车上所载何物？丈夫安在？何故独行？’妾应曰：‘何劳问之？’寿因持妾臂曰：‘少年爱有色，冀可乐也。’妾惧怖不从，寿即持刀刺胁下，一创立死。又刺致富，亦死。

“寿掘楼下，合埋妾在下，婢在上。取财物去，杀牛，烧车，车釭（gāng）[2]及牛骨，贮亭东空井中。妾既冤死，痛感皇天，无所告诉，故来自归于明使君。”

敞曰：“今欲发出汝尸，以何为验？”女曰：“妾上下着白衣，青丝履，犹未朽也。愿访乡里，以骸骨归死夫。”

掘之，果然。敞乃驰还，遣吏捕捉，拷问，具服。下广信县验问，与娥语合。寿父母兄弟，悉捕系狱。

敞表寿：“常律，杀人不至族诛，然寿为恶首，隐密数年，王法自所不免。令鬼神诉者，千载无一，请皆斩之，以明鬼神，以助阴诛。”上报听之。

1. 苍梧郡：西汉置，治所在今广西梧州一带。
2. 车釭：车毂中用以穿轴的铁圈。

◎

濡须口[1]有大船，船覆在水中，水小时便出见。长老云：“是曹公船。”

尝有渔人，夜宿其旁，以船系之，但闻竽笛弦歌之音，又香气非常。渔人始得眠，梦人驱遣，云：“勿近官妓。”

相传云曹公载妓，船覆于此，至今在焉。

1. 濡须口：古坞堡名。三国时期吴国与魏国在此发生过战争，史称“濡须之战”。《三国志·魏志·武帝纪》：“建安十八年，(曹操)进军濡须口。”又“二十二年，权在濡须口筑城拒守，遂逼攻之，权退走”。

◎

夏侯恺，字万仁，因病死。

宗人儿苟奴，素见鬼。见恺数归，欲取马，并病其妻。着平上帻[1]，单衣，入坐生时西壁大床[2]，就人觅茶饮。

1. 平上帻：魏晋以来武官所戴的一种平顶头巾。《晋书·舆服志》：“冠惠文者宜短耳，今平上帻也。始时各随所宜，遂因冠为别。介帻服文吏，平上帻服武官也。”
2. 床：古代的坐榻。

◎

诸仲务一女显姨，嫁为米元宗妻，产亡于家。

俗闻，产亡者，以墨点面。其母不忍，仲务密自点之，无人见者。

元宗为始新[1]县丞，梦其妻来，上床，分明见新白妆面上有黑点。

1. 始新：县名，东汉建安年间置，属新都郡。

◎

晋世新蔡王昭平，犊车在厅事上，夜无故自入斋室中，触壁而出。后又数闻呼噪攻击之声，四面而来。

昭乃聚众设弓弩战斗之备，指声弓弩俱发，而鬼应声接矢数枚，皆倒入土中。

◎

吴赤乌三年，句(gōu)章[1]民杨度，至余姚。

夜行，有一少年，持琵琶，求寄载，度受之。鼓琵琶数十曲，曲毕，乃吐舌擘(bò)目[2]，以怖度而去。

复行二十里许，又见一老父，自云姓王名戒。因复载之。谓曰：“鬼工鼓琵琶，甚哀。”戒曰：“我亦能鼓。”即是向鬼。复擘眼吐舌，度怖几死。

1. 句章：古县名，秦置，治所在今浙江余姚东南一带。东晋隆安中，移治今宁波市南。
2. 擘目：眼睛突然睁开。擘：剖，分开。

◎

琅琊秦巨伯，年六十，尝夜行，饮酒。道经蓬山庙，忽见其两孙迎之。扶持百余步，便捉伯颈着地，骂：“老奴！汝某日捶我，我今当杀汝。”伯思，惟某时信捶此孙。伯乃佯死，乃置伯去。

伯归家，欲治两孙，两孙惊惋，叩头言：“为子孙宁可有此？恐是鬼魅，乞更试之。”

伯意悟。数日，乃诈醉，行此庙间，复见两孙来扶持伯。伯乃急持，鬼动作不得，达家，乃是两人也。伯着火炙之，腹背俱焦坼[1]，出着庭中，夜皆亡去。

伯恨不得杀之，后月余，又佯酒醉，夜行，怀刃以去，家不知也。极夜不还，其孙恐又为此鬼所困，乃俱往迎伯，伯竟刺杀之。

1. 焦坼：焦枯开裂。坼：分裂，裂开。

◎

汉建武元年，东莱[1]人姓池，家常作酒。

一日，见三奇客，共持面饭至，索其酒饮，饮竟而去。

顷之，有人来，云见三鬼酣醉于林中。

1. 东莱：郡名，西汉时置，治所在今山东莱州一带。

◎

吴先主杀武卫兵钱小小。

形见大街，顾借赁人吴永，使永送书与街南庙，借木马二匹，以酒噀(xùn)[1]之，皆成好马，鞍勒俱全。

1. 噀：喷吐。

◎

南阳宋定伯，年少时，夜行，逢鬼，问之。

鬼言："我是鬼。"鬼问："汝复谁？"定伯诳[1]之，言："我亦鬼。"鬼问："欲至何所？"答曰："欲至宛[2]市。"鬼言："我亦欲至宛市。"遂行。

数里，鬼言："步行太迟，可共递相担[3]，何如？"定伯曰："大善。"鬼便先担定伯数里。鬼言："卿太重，将非鬼也。"定伯言："我新鬼，故身重耳。"定伯因复担鬼，鬼略无重，如是再三。定伯复言："我新鬼，不知有何所畏忌？"鬼答言："惟不喜人唾。"

于是共行。道遇水，定伯令鬼先渡，听之，了然无声音。定伯自渡，漕漼(cuǐ)[4]作声。鬼复言："何以有声？"定伯曰："新死，不习渡水故耳。勿怪吾也。”

行欲至宛市，定伯便担鬼，着肩上，急执之。鬼大呼，声咋咋然，索下，不复听之。径至宛市中下着地，化为一羊，便卖之。恐其变化，唾之，得钱千五百，乃去。

当时石崇[5]有言：“定伯卖鬼，得钱千五。”

1. 诳：欺骗。
2. 宛：古地名，春秋战国时为楚国地界，秦、汉置县，在今河南南阳一带。
3. 担：负，背负。
4. 漕漼：象声词，形容蹚水声。漼，形容水深。
5. 石崇：西晋官员，担任荆州刺史时，劫掠客商，成为当时的巨富。喜奢靡，曾与王恺斗富。八王之乱时，与齐王结党，被赵王司马伦所杀。其传见《晋书·列传第三》。

◎

吴王夫差[1]小女，名曰紫玉，年十八，才貌俱美。童子[2]韩重，年十九，有道术。女悦之，私交信问，许为之妻。

重学于齐鲁之间，临去，属其父母使求婚。王怒，不与女。玉结气死，葬阊门[3]之外。三年，重归，诘其父母。父母曰：“王大怒，玉结气死，已葬矣。”重哭泣哀恸，具牲币往吊于墓前。玉魂从墓出，见重流涕，谓曰：“昔尔行之后，令二亲从王相求，度必克从大愿，不图别后遭命，奈何！”玉乃左顾，宛颈[4]而歌曰：

南山有乌，北山张罗。
乌既高飞，罗将奈何！
意欲从君，谗言孔多。
悲结生疾，没命黄垆[5]。
命之不造，冤如之何！
羽族之长，名为凤凰。
一日失雄，三年感伤。
虽有众鸟，不为匹双。
故见鄙姿，逢君辉光。
身远心近，何当暂忘。

歌毕，歔欷流涕，要重还冢。重曰：“死生异路，惧有尤愆（qiān）[6]，不敢承命。”玉曰：“死生异路，吾亦知之，然今一别，永无后期。子将畏我为鬼而祸子乎？欲诚所奉，宁不相信。”

重感其言，送之还冢。玉与之饮宴，留三日三夜，尽夫妇之礼。临出，取径寸明珠以送重曰：“既毁其名，又绝其愿，复何言哉！时节自爱。若至吾家，致敬大王。”

重既出，遂诣王自说其事。王大怒曰：“吾女既死，而重造讹言，以玷秽亡灵。此不过发冢取物，托以鬼神。”趣(cù)[7]收重。重走脱，至玉墓所，诉之。玉曰：“无忧。今归白王。”

王妆梳，忽见玉，惊愕悲喜，问曰：“尔缘何生？”玉跪而言曰：“昔诸生韩重来求玉，大王不许，玉名毁义绝，自致身亡。重从远还，闻玉已死，故赍牲币，诣冢吊唁。感其笃终[8]，辄与相见，因以珠遗之，不为发冢。愿勿推治。”

夫人闻之，出而抱之。玉如烟然。

1. 夫差：春秋时吴国国君。其父被越王所杀，他即位后为父报仇，攻破越国都城。越王求和，夫差应允，遭到伍子胥劝告。夫差不听，最后果然被越兵攻城。国灭，夫差自刎。
2. 童子：旧时称年龄未满二十的男子为童子。根据周制，男子二十行冠礼，即为成年。
3. 阊门：始建于春秋时期，苏州古城的西门。汉赵晔《吴越春秋》云：“立阊门者，以象天门，通阊阖风也。”阊阖，即天门。
4. 宛颈：即弯曲起脖子。唐钱起《病鹤篇》有：“云山隔路不隔心，宛颈和鸣长在想。”明张萱《题游中舍寿母卷》有：“时闻足足音，宛颈相颃颉。”宛：屈折、弯曲。
5. 黄垆：即黄泉。《淮南子·览冥》有：“下契黄垆。”汉高诱注：“上与九天交接，下契至黄垆，黄泉下垆土也。”
6. 尤愆：罪咎，祸难。
7. 趣：通“促”，催促。
8. 笃终：古代的一种送葬礼制。

◎

陇西[1]辛道度者，游学至雍州城四五里，比见一大宅，有青衣女子在门。度诣门下求飧（sūn）[2]，女子入告秦女，女命召入。

度趋[3]入阁中，秦女于西榻而坐。度称姓名，叙起居既毕，命东榻而坐，即治饮馔。食讫，女谓度曰："我秦闵王女，出聘曹国，不幸无夫而亡。亡来已二十三年，独居此宅，今日君来，愿为夫妇，经三宿。"

三日后，女即自言曰："君是生人，我鬼也。共君宿契，此会可三宵，不可久居，当有祸矣。然兹信宿，未悉绸缪，既已分飞，将何表信于郎？"即命取床后盒子开之，取金枕一枚，与度为信。乃分袂泣别，即遣青衣送出门外。未逾数步，不见舍宇，惟有一冢。

度当时荒忙出走，视其金枕在怀，乃无异变。寻至秦国，以枕于市货之。恰遇秦妃东游，亲见度卖金枕，疑而索看，诘度何处得来，度具以告。

妃闻，悲泣不能自胜，然向疑耳，乃遣人发冢启柩视之。原葬悉在，唯不见枕。解体看之，交情宛若。秦妃始信之。叹曰："我女大圣，死经二十三年，犹能与生人交往。此是我真女婿也。"遂封度为驸马都尉，赐金帛车马，令还本国。

因此以来，后人名女婿为"驸马"。今之国婿，亦为"驸马"矣。

1. 陇西：郡名，战国秦置，因位于陇山之西而名。治所在今甘肃临洮。三国时移治今甘肃陇西南。
2. 飧：晚饭，饭食。
3. 趋：小步快走，以示尊敬。

◎

汉谈生者，年四十，无妇，常感激读《诗经》。

夜半，有女子年可十五六，姿颜服饰，天下无双，来就生为夫妇之言，曰："我与人不同，勿以火照我也。三年之后，方可照耳。"

与为夫妇，生一儿。已二岁，不能忍，夜伺其寝后，盗照视之。其腰已上生肉，如人，腰已下，但有枯骨。妇觉，遂言曰："君负我。我垂生矣，何不能忍一岁，而竟相照也？"生辞谢，涕泣，不可复止。云："与君虽大义永离，然顾念我儿若贫不能自偕活者，暂随我去，方遗君物。"

生随之去，入华堂，室宇器物不凡。以一珠袍与之，曰："可以自给。"裂取生衣裾，留之而去。

后生持袍诣市，睢阳王家买之，得钱千万。王识之曰："是我女袍，那得在市？此必发冢。"乃取拷之，生具以实对。

王犹不信，乃视女冢，冢完如故，发视之，棺盖下果得衣裾。呼其儿视，正类王女。王乃信之，即召谈生，复赐遗之，以为女婿。表其儿为郎中。

◎

卢充者，范阳[1]人，家西三十里，有崔少府[2]墓。

充年二十，先冬至一日，出宅西猎戏。见一獐，举弓而射，中之，獐倒，复起。充因逐之，不觉远。

忽见道北一里许，高门瓦屋，四周有如府舍，不复见獐。门中一铃下唱："客前。"充问："此何府也？"答曰："少府府也。"充曰："我衣恶，那得见少府？"即有一人提一幞(fú)[3]新衣，曰："府君以此遗郎。"

充便着讫，进见少府，展姓名。酒炙数行，谓充曰："尊府君不以仆门鄙陋，近得书，为君索小女婚，故相迎耳。"便以书示充。充父亡时虽小，然已识父手迹，即欷歔无复辞免。便敕内："卢郎已来，可令女郎妆严。"且语充云："君可就东廊。"及至黄昏，内白："女郎妆严已毕。"充既至东廊，女已下车，立席头，却共拜。

时为三日，给食。三日毕，崔谓充曰："君可归矣。女有娠相，若生男，当以相还，无相疑。生女，当留自养。"敕外严车送客。

充便辞出。崔送至中门，执手涕零。出门，见一犊车[4]，驾青衣，又见本所着衣及弓箭，故在门外。寻传教将一人提幞衣与充，相问曰：“姻缘始尔，别甚怅恨。今复致衣一袭，被褥自副。”

充上车，去如电逝，须臾至家。家人相见，悲喜推问，知崔是亡人，而入其墓。追以懊惋。

别后四年，三月三日，充临水戏，忽见水旁有二犊车，乍沉乍浮。既而近岸，同坐皆见，而充往开车后户，见崔氏女与三岁男共载。充见之，忻然欲捉其手，女举手指后车曰：“府君见人。”即见少府。充往问讯，女抱儿还充，又与金鋺[5]，并赠诗曰：

煌煌灵芝质，光丽何猗猗！
华艳当时显，嘉异表神奇。
含英未及秀，中夏罹霜萎。
荣耀长幽灭，世路永无施。
不悟阴阳运，哲人忽来仪。
会浅离别速，皆由灵与祇。
何以赠余亲，金鋺可颐儿。
恩爱从此别，断肠伤肝脾。

充取儿、碗及诗，忽然不见二车处。

充将儿还，四坐谓是鬼魅，佥[6]遥唾之。形如故。问儿："谁是汝父？"儿径就充怀。众初怪恶，传省其诗，慨然叹死生之玄通也。

充后乘车入市卖碗，高举其价，不欲速售，冀有识。欻有一老婢识此，还白大家[7]曰："市中见一人，乘车，卖崔氏女郎棺中碗。"大家，即崔氏亲姨母也，遣儿视之，果如其婢言。上车，叙姓名，语充曰："昔我姨嫁少府，生女，未出而亡。家亲痛之，赠一金碗，着棺中。可说得碗本末。"

充以事对。此儿亦为之悲咽。赍还白母，母即令诣充家，迎儿视之。诸亲悉集。儿有崔氏之状，又复似充貌。儿、碗俱验。姨母曰："我外甥三月末间产。父曰：'春，暖温也。愿休强也。'"即字温休。温休者，盖幽婚也，其兆先彰矣。"

儿遂成令器，历郡守二千石，子孙冠盖相承。至今其后植，字子干，有名天下。

1. 范阳：县名，秦置。因在范水之北而得名范阳，治所在今河北定兴南固城镇，北齐移治镇北故伏图城。
2. 少府：官名，为皇帝掌管山海池泽收入以及皇室的手工业，负责征课山海池泽之税和收藏地方贡献，以备宫廷之用。东汉时期，改掌宫中服饰、珍膳等事物。《汉书·食货志下》有："山海、天地之臧，宜属少府，陛下弗私，以属大农佐赋。"臧，通"藏"。
3. 幞：即幞头，古代男人用的头巾，文中指用来包裹衣物的布。

4. 犊车：牛车。汉时本为诸侯贫者乘之，其后转为贵者乘用。

5. 椀：同“碗”。

6. 佥：都，皆。

7. 大家：旧时奴仆对于主人的称呼。

◎

后汉时，汝南[1]汝阳西门亭，有鬼魅，宾客止宿，辄有死亡。其厉厌者皆亡发，失精。

寻问其故，云先时颇已有怪物。其后，郡侍奉掾[2]宜禄[3]郑奇来，去亭六七里，有一端正妇人乞寄载。奇初难之，然后上车。入亭，趋至楼下。亭卒白：“楼不可上。”奇云：“吾不恐也。”

时亦昏冥，遂上楼，与妇人栖宿。未明，发去。亭卒上楼扫除，见一死妇，大惊，走白亭长。

亭长击鼓，会诸庐吏[4]共集诊之。乃亭西北八里吴氏妇，新亡，夜临殡，火灭。及火至，失之。其家即持去。

奇发，行数里，腹痛。到南顿[5]利阳亭，加剧，物故。楼遂无敢复上。

1. 汝南：郡名，西汉置。治所在今河南平舆北，东晋移治悬瓠城，南朝宋移治今河南汝南。

2. 郡侍奉掾：郡守属下的官吏。

3. 宜禄：县名，属汝南郡。

4. 庐吏：庐，郊野接待宾客的房舍，类似于驿站，则庐吏或是管理这些房舍的官员。“庐”又可指官吏值宿所住的房舍，则庐吏应指在庐舍休息的官吏。《周礼·地官》：“凡国野之道，十里有庐，庐有饮食。”

5. 南顿：古县名、郡名。春秋时顿国南迁，改名南顿。秦置县，治所在今河南项城市西。西晋改县为郡。

◎

颍川[1]钟繇[2]，字元常，尝数月不朝会，意性异常。

或问其故。云：“常有好妇来，美丽非凡。”问者曰：“必是鬼物，可杀之。”

妇人后往，不即前，止户外。繇问：“何以？”曰：“公有相杀意。”繇曰：“无此。”勤勤呼之，乃入。

繇意恨，有不忍之，然犹斫之，伤髀。妇人即出，以新绵拭，血竟路[3]。

明日，使人寻迹之，至一大冢，木中有好妇人，形体如生人，着白练衫，丹绣裲(liǎng)裆[4]，伤左髀，以裲裆中绵拭血。

1. 颍川：郡名，以颍水得名。治所在今河南省禹州市。
2. 钟繇：三国曹魏书法家、政治家，颍川长社（今河南长葛东北）人。曹操在位时，钟繇经营关中，使曹操无西顾之忧，专心与袁绍对战。钟繇在书法上造诣很高，兼工篆、隶、真、行、草多种书体。
3. 竟路：一路。竟：从始至终。
4. 裲裆：古代的一种长度仅至腰部，且只蔽胸背的上衣。军士穿的称“裲裆甲”，一般人穿的称“裲裆衫”。形似今之马甲、背心。

# 卷十七

◎

陈国[1]张汉直到南阳，从京兆尹延叔坚[2]学《左氏传》。

行后数月，鬼物持其妹，为之扬言曰："我病死。丧在陌上，常苦饥寒。操二三量不借[3]，挂屋后楮(chǔ)[4]上。傅子方送我五百钱，在北墉[5]下，皆亡取之。又买李幼一头牛，本劵在书箧中。"

往索取之，悉如其言。妇尚不知有此，妹新从婿家来，非其所及。家人哀伤，益以为审。父母诸弟衰(cuī)[6]绖(dié)[7]到来迎丧。

去舍数里，遇汉直与诸生十余人相追。汉直顾见家人，怪其如此。家见汉直，谓其鬼也。

怅惘良久，汉直乃前为父拜说其本末，且悲且喜。凡所闻见，若此非一，得知妖物之为。

1. 陈国：古国名。周武王伐纣后，封虞舜之后妫满于陈，楚惠王北伐，杀陈湣公，陈国灭。此时已无陈国，盖指旧时陈国之地。
2. 延叔坚：即延笃，东汉时人，博通经传及百家之言，能著文章，名震京师。历任左冯翊、京兆尹。
3. 不借：即用麻编成的鞋子，因价低容易得到，故名"不借"。唐颜师古《急就篇注》："裳韦不借为牧人。"
4. 楮：树名，皮可造纸，因此也成为纸的代称。
5. 墉：城墙，此处指墙壁。
6. 衰：同"缞(cuī)"，古时用粗麻布制成的丧服。
7. 绖：古时丧服上系在头上或腰间的麻布带子。系在头上称"首绖"，系在腰上称"腰绖"。

◎

汉陈留外黄[1]范丹，字史云，少为尉从佐使，檄谒督邮[2]。丹有志节，自恚（huì）[3]为斯役小吏，乃于陈留大泽中，杀所乘马，捐弃官帻，诈逢劫者。有神下其家曰："我史云也，为劫人所杀。疾取我衣于陈留大泽中。"家取得一帻。

丹遂之南郡[4]，转入三辅[5]，从英贤游学十三年。乃归，家人不复识焉。陈留人高其志行，及没，号曰贞节先生。

1. 外黄：古县名，秦时置，治所在今河南民权县西北。
2. 督邮：官名，郡的重要属吏，代表太守督察县乡，宣达教令，兼司狱讼亡捕等事。
3. 恚：愤怒，怨恨。
4. 南郡：郡名，秦置，治所在今湖北荆州市，三国时期吴国移治于湖北省公安县北，西晋移治江陵。
5. 三辅：指西汉景帝二年设置的左内史、右内史与主爵中尉三种官名，于太初元年改为左冯翊、京兆尹、右扶风。亦指区域划分。西汉景京帝二年，"三辅"指京畿之地，太初元年后指今陕西中部地区。文中所指为区域划分。

◎

吴人费季，久客于楚，时道多劫，妻常忧之。

季与同辈旅宿庐山下，各相问出家几时。季曰：“吾去家已数年矣。临来，与妻别，就求金钗以行。欲观其志当与吾否耳。得钗，乃以着户楣上。临发，失与道，此钗故当在户上也。”

尔夕，其妻梦季曰：“吾行遇盗，死已二年。若不信吾言，吾行时，取汝钗，遂不以行，留在户楣上，可往取之。”

妻觉，揣钗，得之。家遂发丧。后一年余，季乃归还。

◎

余姚虞定国，有好仪容，同县苏氏女，亦有美色。定国常见，悦之。

后见定国来，主人留宿。中夜，告苏公曰：“贤女令色，意甚钦之。此夕能令暂出否？”主人以其乡里贵人，便令女出从之。往来渐数，语苏公云：“无以相报。若有官事，某为君任之。”

主人喜，自尔后有役召事，往造[1]定国。定国大惊曰：“都未尝面命[2]。何由便尔？此必有异。”具说之。定国曰：“仆宁肯请人之父而淫人之女，若复见来，便当斫之。”

后果得怪。

1. 造：拜访。

2. 面命：当面告语。《诗经·大雅·抑》："匪面命之，言提其耳。"

◎

吴孙皓世，淮南内史[1]朱诞，字永长，为建安太守。

诞给使[2]妻有鬼病，其夫疑之为奸。后出行，密穿壁隙窥之，正见妻在机中织，遥瞻桑树上，向之言笑。给使仰视树上，有一年少人，可十四五，衣青衿袖，青幧(qiāo)头[3]。给使以为信人也，张弩射之，化为鸣蝉，其大如箕，翔然飞去。妻亦应声惊曰："噫！人射汝。"给使怪其故。

后久时，给使见二小儿在陌上共语曰："何以不复见汝？"其一即树上小儿也，答曰："前不幸为人所射，病疮积时。"彼儿曰："今何如？"曰："赖朱府君梁上膏以傅之，得愈。"

给使白诞曰："人盗君膏药，颇知之否？"诞曰："吾膏久致梁上，人安得盗之？"给使曰："不然。府君视之。"诞殊不信，试为视之，封题如故。诞曰："小人故妄言，膏自如故。"给使曰："试开之。"则膏去半。为掊(póu)刮，见有趾迹。

诞因大惊，乃详问之。具道本末。

1. 内史：官名，西汉初设置，作为执掌民政的官吏。
2. 给使：供人差遣使唤的人。
3. 幧头：同“帩头”。古代男子束发的头巾。

◎

吴时，嘉兴倪彦思居县西埏(yán)里[1]。忽见鬼魅入其家，与人语，饮食如人，惟不见形。彦思奴婢有窃骂大家者，云：“今当以语。”彦思治之，无敢詈[2]之者。

彦思有小妻[3]，魅从求之，彦思乃迎道士逐之。酒殽既设，魅乃取厕中草粪，布着其上。道士便盛击鼓，召请诸神。魅乃取伏虎[4]于神座上吹作角声音。有顷，道士忽觉背上冷，惊起解衣，乃伏虎也。于是道士罢去。

彦思夜于被中窃与妪语，共患此魅。魅即屋梁上谓彦思曰：“汝与妇道吾，吾今当截汝屋梁。”即隆隆有声。

彦思惧梁断，取火照视，魅即灭火。截梁声愈急。彦思惧屋坏，大小悉遣出，更取火视，梁如故。魅大笑，问彦思：“复道吾否？”

郡中典农[5]闻之曰：“此神正当是狸物耳。”魅即往谓典农曰：“汝取官若干百斛谷，藏着某处，为吏污秽，而敢论吾！今当白于官，将人取汝所盗谷。”典农大怖而谢之。

自后无敢道者。三年后去，不知所在。

1. 西埏里：地名。清朱彝尊《鸳鸯湖棹歌·西埏里接韭溪流》："西埏里接韭溪流，一箦瓶山古木秋。惯是争枝乌未宿，夜深啼上月波楼。"自注云："西埏里载于干宝《搜神记》，在嘉兴县治西，韭溪之水经其下。"
2. 詈：责骂。
3. 小妻：侧室，妾。
4. 伏虎：即虎子，中国古代生活用具。一说为亵器（便壶），一说为水器。背有提梁，圆腹一端有口，下有四足，因其形作伏虎状，故名。
5. 典农：官名，全称"典农都尉"，掌管屯田区的生产、民政和田赋。

◎

魏黄初中，顿丘[1]界有人骑马夜行，见道中有一物，大如兔，两眼如镜，跳跃马前，令不得前。人遂惊惧堕马，魅便就地捉之。惊怖，暴死。

良久得苏。苏，已失魅，不知所在。乃更上马，前行数里，逢一人，相问讯已，因说向者事变如此，今相得为伴，甚欢。人曰："我独行，得君为伴，快不可言。君马行疾，且前，我在后相随也。"

遂共行。语曰:“向者物何如,乃令君怖惧耶?”对曰:“其身如兔,两眼如镜,形甚可恶。”伴曰:“试顾视我耶?”人顾视之,犹复是也。魅便跳上马,人遂堕(duò)地,怖死。

家人怪马独归,即行推索,乃于道边得之。宿昔乃苏,说状如是。

1. 顿丘:古县名。秦置,治所在今河南省濮阳市清丰县西南一带。《诗经·卫风·氓》:“送子涉淇,至于顿丘。”

◎

袁绍,字本初,在冀州[1],有神出河东[2],号度朔君,百姓共为立庙。庙有主簿[3]大福。

陈留蔡庸为清河太守,过谒庙。有子名道,亡已三十年。度朔君为庸设酒曰:“贵子昔来,欲相见。”须臾子来。度朔君自云父祖昔作兖州[4]。

有一士姓苏,母病,往祷。主簿云:“君逢天士留待。”闻西北有鼓声,而君至。须臾,一客来,着皂[5]角单衣,头上五色毛,长数寸。去后,复一人,着白布单衣,高冠,冠似鱼头,谓君曰:“昔临庐山,共食白李,忆之未久,已三千岁。日月易得,使人怅然。”

去后，君谓士曰："先来，南海君也。"士是书生，君明通五经，善《礼记》，与士论礼，士不如也。士乞救母病。君曰："卿所居东，有故桥，人坏之。此桥所行，卿母犯之，能复桥，便差。"

曹公讨袁谭[6]，使人从庙换千匹绢，君不与。曹公遣张郃(hé)[7]毁庙。未至百里，君遣兵数万，方道而来。郃未达二里，云雾绕郃军，不知庙处。君语主簿："曹公气盛，宜避之。"

后苏并邻家有神下，识君声，云："昔移入湖，阔绝三年。"乃遣人与曹公相闻，欲修故庙，地衰，不中居，欲寄住。"公曰："甚善。"治城北楼以居之。

数日，曹公猎得物，大如麑(ní)[8]，大足，色白如雪，毛软滑可爱。公以摩面，莫能名也。夜闻楼上哭云："小儿出行不还。"公拊掌曰："此物合衰也。"晨将数百犬，绕楼下。犬得气，冲突内外。见有物，大如驴，自投楼下。犬杀之。庙神乃绝。

1. 冀州：古九州之一，也是历代行政区划名。辖境大约为今河北中、南部，山东西端及河南北端一带。东汉治所在今河北柏乡北，三国魏晋移至今河北衡水市冀州区。
2. 河东：郡名，秦置，治所在今山西夏县北。
3. 主簿：官名，其职责为掌管文书。魏、晋后，渐为统兵开府大臣幕府中的主要僚属，参与机要。
4. 兖州：古九州之一，辖区范围大约在今山东西南部及河南东部。
5. 皂：黑色。

6. 袁谭：东汉末政治人物，大将军袁绍长子。曾任青州刺史。袁绍死后，与其弟袁尚争权，联合曹操攻袁尚。后袁谭叛变，曹操讨伐袁谭，谭败身死。
7. 张郃：三国时期名将。初应募镇压黄巾起义，为韩馥军司马。袁绍为冀州令时，归降袁绍。袁绍官渡兵败后他又归顺曹操，随曹操连年征战有功。曹丕称帝后，升左将军，封鄚(mào)县侯。最后在阻止诸葛亮北伐战争中战死。
8. 麑：幼鹿。

◎

临川[1]陈臣家大富。永初[2]元年，臣在斋中坐。其宅内有一町(tǐng)[3]筋竹[4]，白日忽见一人，长丈余，面如方相，从竹中出。径语陈臣："我在家多年，汝不知，今辞汝去，当令汝知之。"

去一月许日，家大失火，奴婢顿死。一年中，便大贫。

1. 临川：郡名，三国时期吴国置，辖境大致在今江西抚州市临川区以南一带。
2. 永初：汉安帝年号，公元107—113年。
3. 町：田亩。
4. 筋竹：一种中实而强劲的竹，竹梢尖锐，可作矛用。"筋竹"亦见于晋戴凯之《竹谱》："筋竹为矛，称利海表。槿仍其干，刃即其杪。生于日南，别名为篻(piǎo)。"

◎

东莱有一家姓陈，家百余口，朝炊釜，不沸。举甑看之，忽有一白头公，从釜中出。

便诣师卜。卜云："此大怪，应灭门。便归，大作械，械成，使置门壁下，坚闭门在内。有马骑麾盖来扣门者，慎勿应。"

乃归，合手伐得百余械，置门屋下。果有人至，呼，不应。主帅大怒，令缘门入。从人窥门内，见大小械百余，出门还说如此。

帅大惶惋[1]，语左右云："教速来，不速来，遂无一人当去，何以解罪也？从此北行可八十里，有一百三口，取以当之。"

后十日，此家死亡都尽。此家亦姓陈云。

1. 惶惋：惶惑惋惜。

◎

晋惠帝永康[1]元年，京师得异鸟，莫能名。赵王伦使人持出，周旋城邑市，以问人。即日，宫西有一小儿见之，遂自言曰："服留鸟。"

持者还白伦。伦使更求，又见之。乃将入宫，密笼鸟，并闭小儿于户中。

明日往视，悉不复见。

1. 永康：晋惠帝司马衷年号，公元前300—301年。

◎

南康郡[1]南东望山，有三人入山，见山顶有果树，众果毕植，行列整齐如人行。甘子[2]正熟。三人共食，致饱，乃怀二枚，欲出示人。

闻空中语云："催放双甘，乃听汝去。"

1. 南康郡：晋置，治所在今江西于都县东北一带。东晋移治今江西省赣州市西南一带。
2. 甘子：柑橘。

◎

秦瞻，居曲阿[1]彭皇野。

忽有物如蛇，突入其脑中。蛇来，先闻臭气，便于鼻中入，盘其头中，觉哄哄，仅闻其脑间食声咂咂[2]。数日而出，寻复来。

取手巾缚鼻口，亦被入。

积年无他病，惟患头痛。

1. 曲阿：古县名，治所在今江苏丹阳。

2. 咂咂：象声词，指嘴在吮吸时发出的响声。

# 卷十八

◎

魏景初[1]中,咸阳县吏家有怪。每夜无故闻拍手相呼。伺,无所见。

其母夜作,倦,就枕寝息。有顷,复闻灶下有呼声曰:“文约何以不来?”头下枕应曰:“我见枕[2],不能往。汝可来就我饮。”

至明,乃饭臿(chā)[3]也。即聚烧之。其怪遂绝。

1. 景初:魏明帝曹叡的年号,公元237—239年。
2. 见枕:被枕住了。“见”用在动词前面表示被动。
3. 饭臿:盛饭的工具。

◎

魏郡[1]张奋者,家本巨富,忽衰老,财散,遂卖宅与程应。应入居,举家病疾,转卖邻人何文。

文先独持大刀,暮入北堂中梁上。至三更竟[2],忽有一人长丈余,高冠,黄衣,升堂呼曰:“细腰!”细腰应喏。曰:“舍中何以有生人气也?”答曰:“无之。”便去。须臾,有一高冠青衣者。次之,又有高冠白衣者。问答并如前。

及将曙，文乃下堂中，如向法呼之。问曰："黄衣者为谁？"曰："金也，在堂西壁下。""青衣者为谁？"曰："钱也，在堂前井边五步。""白衣者为谁？"曰："银也，在墙东北角柱下。""汝复为谁？"曰："我，杵也。今在灶下。"

及晓，文按次掘之，得金银五百斤，钱千万贯。仍取杵焚之。由此大富，宅遂清宁。

1. 魏郡：郡名。西汉始置，郡治在邺，属冀州，故址在今河北临漳。
2. 竟：终了，完了。

◎

秦时，武都故道[1]有怒特祠，祠上生梓树。

秦文公[2]二十七年，使人伐之，辄有大风雨，树创随合，经日不断。文公乃益发卒，持斧者至四十人，犹不断。

士疲，还息。其一人伤足，不能行，卧树下，闻鬼语树神曰："劳乎？攻战！"其一人曰："何足为劳？"又曰："秦公将必不休，如之何？"答曰："秦公其如予何？"又曰："秦若使三百人被发，以朱丝绕树，赭衣，灰坌(bèn)[3]伐汝，汝得不困耶？"神寂无言。

明日，病人语所闻。公于是令人皆衣赭，随斫创，坌以灰。树断，中有一青牛出，走入丰水中。其后，青牛出丰水中，使骑击之，不胜。有骑堕地，复上，髻解被发。牛畏之，乃入水，不敢出。

故秦自是置旄头骑[4]。

1. 武都故道：武都郡故道县。秦时置故道县，先属汉中郡，后属陇西郡，西汉时改属武都郡。
2. 秦文公：春秋时期秦国君主，伐西戎，扩大秦国领地。
3. 灰坌：扬起灰尘。
4. 旄头骑：古代皇帝车驾出行时担任先驱的骑兵，披头散发以起到震慑作用。

◎

庐江龙舒县[1]陆亭流水边，有一大树，高数十丈，常有黄鸟数千枚巢其上。

时久旱，长老[2]共相谓曰："彼树常有黄气，或有神灵，可以祈雨。"

因以酒脯往亭中。有寡妇李宪者，夜起，室中忽见一妇人，着绣衣，自称曰："我，树神黄祖也。能兴云雨，以汝性洁，佐汝为生。朝来父老皆欲祈雨，吾已求之于帝，明日日中大雨。”

至期，果雨。遂为立祠。宪曰：“诸卿在此，吾居近水，当致少鲤鱼。”言讫，有鲤鱼数十头，飞集堂下，坐者莫不惊悚。如此岁余，神曰：“将有大兵，今辞汝去。”留一玉环曰：“持此可以避难。”

后刘表、袁术相攻[3]，龙舒之民皆徙去，唯宪里不被兵。

1. 龙舒县：汉代设县，属九江郡，在今安徽舒城。
2. 长老：年纪大的人。
3. 刘表、袁术相攻：东汉末年，皇权衰微，群雄割据。刘表和袁术都是割据一方的军阀。袁氏家族为东汉望族，袁绍、袁术为同父异母兄弟，但兄弟不和，各自组成军事联盟相互攻伐。袁绍联合刘表南北牵制袁术，遂有刘表、袁术互相攻打。

◎

魏桂阳[1]太守江夏张辽，字叔高，去鄢陵[2]，家居买田。

田中有大树，十余围，枝叶扶疏[3]，盖地数亩，不生谷。遣客伐之。斧数下，有赤汁六七斗出，客惊怖，归白叔高。叔高大怒曰：“树老汁赤，如何得怪？”因自严行复斫之，血大流洒。

叔高使先斫其枝，上有一空处，见白头公，可长四五尺，突出，往赴叔高。高以刀逆格之，如此，凡杀四五头，并死。左右皆惊怖伏地。叔高神虑怡然如旧。徐熟视，非人，非兽。遂伐其木。此所谓木石之怪夔魍魉者乎？

是岁应司空辟侍御史、兖州刺史，以二千石之尊，过乡里，荐祝祖考，白日绣衣荣羡，竟无他怪。

1. 桂阳：郡名。汉时置郡，郡治在郴县，今湖南郴州。
2. 鄢陵：县名，位于今河南许昌。
3. 扶疏：枝叶茂盛，向四周伸展的样子。

◎

吴先主时，陆敬叔为建安太守，使人伐大樟树。

下数斧，忽有血出，树断，有物，人面狗身，从树中出。敬叔曰："此名彭侯。"乃烹食之。其味如狗。

《白泽图》[1]曰："木之精名彭侯，状如黑狗，无尾，可烹食之。"

1.《白泽图》：古代记载各种精怪及其破解之法的书。

◎

吴时，有梓树，巨围，叶广丈余，垂柯数亩。

吴王伐树作船，使童男女三十人牵挽之。船自飞下水，男女皆溺死。

至今潭中时有唱唤督进之音[1]也。

1. 督进之音：拉纤时喊的口号。

◎

董仲舒下帷讲诵，有客来诣。

舒知其非常客。又云："欲雨。"舒戏之曰："巢居知风，穴居知雨。卿非狐狸，则是鼷(xī)鼠[1]。"

客遂化为老狸。

1. 鼷鼠：即小家鼠，今天常见的小老鼠。

◎

张华，字茂先，晋惠帝时为司空。

于时燕昭王[1]墓前有一斑狐，积年，能为变幻，乃变作一书生，欲诣张公。过问墓前华表曰：“以我才貌，可得见张司空否？”华表曰：“子之妙解，无为不可。但张公智度，恐难笼络。出必遇辱，殆不得返。非但丧子千岁之质，亦当深误老表。”狐不从，乃持刺谒华。

华见其总角风流，洁白如玉，举动容止，顾盼生姿，雅重之。于是论及文章，辨校声实，华未尝闻。比复商略三史[2]，探赜[3]百家，谈老、庄之奥区[4]，披风、雅之绝旨，包十圣，贯三才[5]，箴八儒，擿(zhāi)五礼[6]，华无不应声屈滞。乃叹曰：“天下岂有此年少！若非鬼魅则是狐狸。”

乃扫榻延留，留人防护。此生乃曰：“明公[7]当尊贤容众，嘉善而矜不能，奈何憎人学问？墨子兼爱，其若是耶？”

言卒，便求退。华已使人防门，不得出。既而又谓华曰：“公门置甲兵栏骑，当是致疑于仆也。将恐天下之人卷舌而不言，智谋之士望门而不进。深为明公惜之。”华不应，而使人防御甚严。

时丰城[8]令雷焕，字孔章，博物士也，来访华，华以书生白之。孔章曰：“若疑之，何不呼猎犬试之？”乃命犬以试，竟无惮色。狐曰：“我天生才智，反以为妖，以犬试我，遮莫千试万虑，其能为患乎？”

华闻，益怒曰：“此必真妖也。闻魑魅忌狗，所别者数百年物耳。千年老精，不能复别，惟得千年枯木照之，则形立见。”孔章曰：“千年神木，何由可得？”华曰：“世传燕昭王墓前华表木已经千年。”

乃遣人伐华表，使人欲至木所，忽空中有一青衣小儿来，问使曰：“君何来也？”使曰：“张司空有一年少来谒，多才巧辞，疑是妖魅，使我取华表照之。”青衣曰：“老狐不智，不听我言，今日祸已及我，其可逃乎？”乃发声而泣，倏然不见。

使乃伐其木，血流。便将木归，燃之以照书生，乃一斑狐。华曰：“此二物不值我，千年不可复得。”乃烹之。

1. 燕昭王：战国时燕国君主。其在位期间，改革政治，任用贤士，休养生息，后联合五国打败齐国，使得燕国进入鼎盛时期。
2. 三史：魏晋时期以《史记》《汉书》《东观汉记》并称“三史”。唐开元后，“三史”中《东观汉记》换成《后汉书》。
3. 探赜：探寻深奥、隐秘的道理。
4. 奥区：深奥之处。
5. 三才：指天、地、人。
6. 五礼：古代的五种礼制，即吉礼、凶礼、宾礼、军礼、嘉礼。
7. 明公：古代对有名位者的尊称。
8. 丰城：县名，东汉置富城县，晋改丰城县。

◎

晋时，吴兴一人有二男，田中作时，尝见父来骂詈赶打之。儿以告母。母问其父。父大惊，知是鬼魅，便令儿斫之。鬼便寂不复往。

父忧，恐儿为鬼所困，便自往看。儿谓是鬼，杀而埋之。鬼便遂归，作其父形，且语其家，二儿已杀妖矣。儿暮归，共相庆贺，积年不觉。

后有一法师过其家，语二儿云："君尊侯[1]有大邪气。"儿以白父，父大怒。儿出以语师，令速去。师遂作声入，父即成大老狸，入床下，遂擒杀之。

向所杀者，乃真父也。改殡治服。一儿遂自杀，一儿忿懊，亦死。

1. 尊侯：对别人父亲的尊称。

◎

句容县[1]麋村民黄审，于田中耕。有一妇人过其田，自塍(chéng)上度，从东适下而复还。

审初谓是人。日日如此，意甚怪之。审因问曰："妇数从何来也？"妇人少住，但笑而不言，便去。

审愈疑之，预以长镰伺其还。未敢斫妇，但斫所随婢。妇化为狸，走去。视婢，乃狸尾耳。审追之，不及。

后人有见此狸出坑头，掘之，无复尾焉。

1. 句容县：县名，汉时置，即今江苏句容。

◎

博陵[1]刘伯祖为河东太守，所止承尘[2]上有神，能语，常呼伯祖与语。及京师诏书诰下消息，辄预告伯祖。

伯祖问其所食啖，欲得羊肝。乃买羊肝，于前切之，脔(luán)[3]随刀不见。尽两羊肝，忽有一老狸，眇眇(miǎo)[4]在案前。

持刀者欲举刀斫之，伯祖呵止。自着承尘上，须臾大笑曰："向者啖羊肝，醉，忽失形与府君相见，大惭愧。"

后伯祖当为司隶[5]，神复先语伯祖曰："某月某日，诏书当到。"至期，如言。及入司隶府，神随遂在承尘上，辄言省内事。伯祖大恐怖，谓神曰："今职在刺举，若左右贵人闻神在此，因以相害。"神答曰："诚如府君[6]所虑，当相舍去。"遂即无声。

1. 博陵：古地名，东汉置郡，治所在今河北定州一带。

2. 承尘：指天花板。

3. 脔：切成块状的肉。

4. 眇眇：飘忽难辨。

5. 司隶：即司隶校尉，官名。汉武帝时始置，掌纠察京师百官。

6. 府君：汉时对郡相、太守的尊称。

◎

后汉建安中，沛国郡陈羡为西海都尉[1]，其部曲[2]王灵孝无故逃去。羡欲杀之。居无何，孝复逃走。

羡久不见，囚其妇，妇以实对。羡曰："是必魅将去，当求之。"因将步骑数十，领猎犬，周旋于城外求索。果见孝于空冢中。闻人犬声，怪遂避去。羡使人扶孝以归，其形颇象狐矣。略不复与人相应，但啼呼"阿紫"。阿紫，狐字也。

后十余日，乃稍稍了悟。云："狐始来时，于屋曲角鸡栖间，作好妇形，自称阿紫，招我。如此非一。忽然便随去，即为妻，暮辄与共还其家，遇狗不觉。云：乐无比也。"

道士云："此山魅也。"《名山记》[3]曰："狐者，先古之淫妇也，其名曰阿紫，化而为狐。"故其怪多自称阿紫。

1. 西海都尉：汉代无此官职，《后汉书·和帝纪》载："永元元年，复置西河上郡属国都尉。"古籍校勘家汪绍楹据此认为此处之"海"为"河"之误。
2. 部曲：古代军队编制。
3.《名山记》：东晋王嘉所撰志怪小说集《拾遗名》中的第十卷，作为一个单行本，又名《拾遗名山纪》。记录昆仑、蓬莱等仙山事物，多涉神仙方术之事。

◎

南阳西郊有一亭，人不可止，止则有祸。

邑人宋大贤以正道自处，尝宿亭楼，夜坐鼓琴，不设兵仗。至夜半时，忽有鬼来登梯，与大贤语，眝（zhù）目[1]磋齿，形貌可恶。大贤鼓琴如故，鬼乃去。

于市中取死人头来，还语大贤曰："宁可少睡耶？"因以死人头投大贤前。大贤曰："甚佳！我暮卧无枕，正欲得此。"鬼复去。

良久乃还，曰："宁可共手搏耶？"大贤曰："善。"语未竟，鬼在前，大贤便逆捉其腰。鬼但急言死。大贤遂杀之。

明日视之，乃老狐也。自是亭舍更无妖怪。

1. 眝目：睁大眼睛。

◎

北部督邮西平[1]郅伯夷，年三十许，大有才决，长沙太守郅若章孙也。

日晡[2]时，到亭，敕前导[3]入且止。录事[4]掾曰：“今尚早，可至前亭。”曰：“欲作文书。”便留。吏卒惶怖，言当解去。

传云：“督邮欲于楼上观望，亟扫除。”须臾，便上。

未瞑，楼镫(dēng)[5]阶下，复有火。敕云：“我思道，不可见火，灭去。”吏知必有变，当用赴照，但藏置壶中。

日既瞑，整服坐，诵《六甲》[6]《孝经》《易》本讫，卧。有顷，更转东首，以帤(rú)巾[7]结两足，帻冠之，密拔剑解带。

夜时，有正黑者四五尺，稍高，走至柱屋，因覆伯夷。伯夷持被掩之，足跣[8]脱，几失。再三以剑带击魅脚，呼下火上。照视之，老狐，正赤，略无衣毛。持下烧杀。

明旦，发楼屋，得所髡(kūn)[9]人髻百余。因此遂绝。

1. 西平：郡名。东汉置，治所在西都，今青海西宁。
2. 晡：申时，午后三时至五时，也可以指傍晚。
3. 前导：古代官吏出行时前列的仪仗。
4. 录事：官名，掌管文书记事的佐史。
5. 镫：中国古代照明器具。青铜制，上有盘，中有柱，下有底。也有的盘下为三足，旁有柄可执。盘用来盛油。
6. 《六甲》：即《风鼓六甲》，见于东汉班固《汉书·艺文志》中《数术略》“五行类”之下，是古代术数之书。

7. 帑巾：指破旧的巾。

8. 跣：赤脚。

9. 髡：剃去头发。

◎

吴中有一书生，皓首，称胡博士，教授诸生。忽复不见。

九月初九日，士人相与登山游观。闻讲书声，命仆寻之。见空冢中群狐罗列，见人即走。老狐独不去，乃是皓首书生。

◎

陈郡[1]谢鲲[2]，谢病去职，避地于豫章。

尝行经空亭中，夜宿。此亭旧每杀人。夜四更，有一黄衣人呼鲲字云："幼舆，可开户。"

鲲澹然[3]无惧色，令申臂于窗中。于是授腕，鲲即极力而牵之。其臂遂脱，乃还去。

明日看，乃鹿臂也。寻血取获。尔后此亭无复妖怪。

1. 陈郡：古郡名，秦置，汉时为淮阳国，后又改为郡。治所在陈县，位于今河南淮阳。
2. 谢鲲：字幼舆，晋朝官员、名士。东晋名臣谢安的伯父。喜读《老子》《易经》，能啸歌，善鼓琴。西晋末年，因时局混乱，辞官隐居在豫章郡。
3. 澹然：平静、镇定的样子。

◎

晋有一士人姓王，家在吴郡，还至曲阿。日暮，引船上，当大埭(dài)[1]。

见埭上有一女子，年十七八，便呼之，留宿。至晓，解金铃系其臂，使人随至家，都无女人。

因逼猪栏中，见母猪臂有金铃。

1. 埭：堵水的土堤。

◎

汉齐人梁文，好道，其家有神祠，建室三四间，座上施皂帐[1]。常在其中，积十数年。

后因祀事，帐中忽有人语，自呼高山君，大能饮食，治病有验。文奉事甚肃。

积数年，得进其帐中。神醉，文乃乞得奉见颜色。谓文曰："授手来。"文纳手，得捋其颐[2]，髯须甚长。文渐绕手，卒然引之，而闻作羊声。座中惊起，助文引之，乃袁公路家羊也，失之七八年，不知所在。

杀之，乃绝。

1. 皂帐：黑色粗布制成的帷帐。
2. 颐：面颊，两腮。

◎

北平[1]田琰，居母丧，恒处庐向。一暮夜，忽入妇室，密怪之曰："君在毁灭之地，幸可不甘。"琰不听而合。

后琰暂入，不与妇语。妇怪无言，并以前事责之。琰知鬼魅。临暮，竟未眠，衰服挂庐。

须臾，见一白狗，攫[2]衔衰服，因变为人，着而入。琰随后逐之，见犬将升妇床，便打杀之。妇羞愧而死。

1. 北平：郡名。西晋时，改右北平郡为北平郡，移治徐无，在今河北遵化。
2. 攫：禽兽用爪抓取。

◎

司空南阳来季德，停丧[1]在殡，忽然见形坐祭床上，颜色服饰声气，熟是也。孙儿妇女，以次教戒，事有条贯。鞭朴[2]奴婢，皆得其过。饮食既绝，辞诀而去。

家人大小，哀割断绝，如是数年，家益厌苦。其后饮酒过多，醉而形露，但得老狗，便共打杀。

因推问之，则里中沽酒家狗也。

1. 停丧：指古代人死后殡而不葬，少则数月，多则数年，再择吉日而葬。
2. 鞭朴：即鞭扑，用鞭子抽打。

◎

山阳王瑚，字孟琏，为东海兰陵尉。

夜半时，辄有黑帻白单衣吏，诣县，叩阁。迎之，则忽然不见。如是数年。后伺之，见一老狗，黑头白躯犹故，至阁，便为人。以白孟琏，杀之，乃绝。

◎

桂阳太守李叔坚，为从事[1]。家有犬，人行。家人言："当杀之。"叔坚曰："犬马喻君子。犬见人行，效之，何伤！"

顷之，狗戴叔坚冠走。家大惊。叔坚云："误触冠缨挂之耳。"

狗又于灶前畜火，家益怔营[2]。叔坚复云："儿婢皆在田中，狗助畜火，幸可不烦邻里。此有何恶？"

数日，狗自暴死。卒无纤芥之异。

1. 从事：官职名。汉以后三公及州郡长官可自辟僚属，称为"从事"。
2. 怔营：惶恐不安的样子。

◎

吴郡无锡有上湖大陂（bēi）[1]，陂吏丁初，天每大雨，辄循堤防。

春盛雨，初出行塘，日暮回顾，有一妇人，上下青衣，戴青伞，追后呼："初掾待我。"

初时怅然，意欲留俟之。复疑本不见此，今忽有妇人，冒阴雨行，恐必鬼物。初便疾走，顾视妇人，追之亦急。

初因急行，走之转远，顾视妇人，乃自投陂中，泛然作声，衣盖飞散。视之，是大苍獭[2]，衣伞皆荷叶也。

此獭化为人形，数媚年少者也。

1. 陂：池塘或湖泊。
2. 獭：即水獭，半水栖哺乳动物，生活在水边，以鱼类为主食。

◎

魏齐王芳正始中，中山[1]王周南为襄邑[2]长。

忽有鼠从穴出，在厅事上语曰："王周南，尔以某月某日当死。"周南急往，不应。鼠还穴。

后至期，复出，更冠帻皂衣而语曰："周南，尔日中当死。"亦不应。鼠复入穴。

须臾，复出。出，复入，转行，数语如前。

日适中。鼠复曰："周南，尔不应死，我复何道！"言讫，颠蹶[3]而死，即失衣冠所在。

就视之，与常鼠无异。

1. 中山：古郡名，汉景帝封其子刘胜为中山王，治所在卢奴县，即今河北定州。
2. 襄邑：古县名，秦置，治所在今河南睢县。
3. 颠蹶：跌倒。

◎

安阳城南有一亭，夜不可宿。宿，辄杀人。

书生明术数，乃过宿之。亭民曰："此不可宿。前后宿此，未有活者。"书生曰："无苦也。吾自能谐[1]。"遂住廨(xiè)舍[2]。

乃端坐诵书，良久乃休。夜半后，有一人，着皂单衣来，往户外，呼亭主，亭主应诺。"见亭中有人耶？"答曰："向者有一书生在此读书。适休，似未寝。"乃喑嗟而去。须臾，复有一人，冠赤帻者，呼亭主。问答如前，复喑嗟而去。

既去，寂然。书生知无来者，即起，诣向者呼处，效呼亭主。亭主亦应诺。复云："亭中有人耶？"亭主答如前。乃问曰："向黑衣来者谁？”曰：“北舍母猪也。”又曰：“冠赤帻来者谁？”曰：“西舍老雄鸡父也。”曰：“汝复谁耶？”曰：“我是老蝎也。”

于是书生密便诵书，至明不敢寐。天明，亭民来视，惊曰：“君何得独活？”书生曰：“促索剑来，吾与卿取魅。”乃握剑至昨夜应处，果得老蝎，大如琵琶，毒长数尺。西舍得老雄鸡父，北舍得老母猪。凡杀三物，亭毒遂静，永无灾横。

1. 谐：成，谈妥或办妥。
2. 廨舍：官署，官舍。

◎

吴时，庐陵[1]郡都亭[2]重屋中，常有鬼魅，宿者辄死。自后使官，莫敢入亭止宿。

时丹阳人汤应者，大有胆武，使至庐陵，便止亭宿。吏启不可，应不听。迸从者还外，惟持一大刀，独处亭中。

至三更竟，忽闻有叩阁者。应遥问是谁，答云：“部郡[3]相闻。”应使进。致词而去。顷间，复有叩阁者如前，曰：“府君相闻。”应复使进。身着皂衣。去后，应谓是人，了无疑也。旋又有叩阁者，云：“部郡府君相诣。”应乃疑曰：“此夜非时，又部郡、府君不应同行。”知是鬼魅，因持刀迎之。

见二人皆盛衣服，俱进，坐毕，府君者便与应谈。谈未竟，而部郡忽起至应背后。应乃回顾，以刀逆击，中之。府君下坐走出。应急追至亭后墙下，及之，斫伤数下，应乃还卧。

达曙，将人往寻，见有血迹，皆得之云。称府君者，是一老狶(xī)[4]也；部郡者，是一老狸也。自是遂绝。

1. 庐陵：郡名，东汉时置，治所在高昌县，即今江西泰和。
2. 都亭：城邑中的驿舍。
3. 部郡：即部郡国从事。汉代司隶校尉、州刺史的属官。每郡国各设置一人，主要监督政府文书、察举非法之事。所以下文说“部郡、府君不应同行”。
4. 狶：同“豨”，猪。

搜神记
卷十九

◎

东越[1]闽中有庸岭，高数十里。其西北隙中，有大蛇，长七八丈，大十余围，土俗常病。东冶[2]都尉及属城长吏，多有死者。祭以牛羊，故不得福，或与人梦，或下谕巫祝，欲得啖童女年十二三者。

都尉令长并共患之，然气厉不息，共请求人家生婢子，兼有罪家女养之。至八月朝，祭送蛇穴口，蛇出吞啮之。累年如此，已用九女。尔时预复募索，未得其女。

将乐县[3]李诞家有六女，无男。其小女名寄，应募欲行，父母不听。寄曰:“父母无相，惟生六女，无有一男。虽有如无。女无缇(tí)萦[4]济父母之功，既不能供养，徒费衣食，生无所益,不如早死。卖寄之身,可得少钱,以供父母,岂不善耶！”父母慈怜，终不听去。寄自潜行，不可禁止。

寄乃告，请好剑及咋蛇犬。至八月朝，便诣庙中坐，怀剑，将犬，先将数石米糍(cí)[5]，用蜜麨(chǎo)[6]灌之，以置穴口。蛇便出，头大如囷[7]，目如二尺镜，闻糍香气，先啖食之。寄便放犬，犬就啮咋，寄从后斫得数创。疮痛急，蛇因踊出，至庭而死。寄入视穴，得其九女髑(dú)髅[8]，悉举出，咤言曰:“汝曹怯弱，为蛇所食，甚可哀愍。”于是寄女缓步而归。

越王闻之，聘寄女为后，拜其父为将乐令，母及姊皆有赏赐。自是东冶无复妖邪之物。其歌谣至今存焉。

1. 东越：即东粤，古代越人部落闽越的一个分支。汉武帝时，东粤王馀善反汉朝，失败后，部分族人被迫迁入江淮地区。
2. 东冶：古县名，在今福建福州。
3. 将乐县：三国时期吴国置县，今属福建三明。
4. 缇萦：即淳于缇萦，西汉孝女。西汉医学家淳于意之女。汉文帝时，淳于意被人诬告下狱，要受肉刑。她上书说，愿为官婢，以赎父刑。汉文帝被她感动，废除了肉刑。
5. 糍：糯米蒸熟后做成的食物。
6. 麨：米麦炒熟后磨粉制成的干粮。
7. 囷：圆形的谷仓。
8. 髑髅：死人的骨头。

◎

晋武帝咸宁中，魏舒为司徒。府中有二大蛇，长十许丈，居厅事平橑（lǎo）[1]上。止之数年，而人不知，但怪府中数失小儿，及鸡犬之属。

后有一蛇夜出，经柱侧伤于刃，病不能登。于是觉之。发徒数百，攻击移时，然后杀之。

视所居，骨骼盈宇之间。于是毁府舍更立之。

1. 橑：屋椽。

◎

汉武帝时，张宽为扬州刺史。

先是，有二老翁争山地，诣州，讼疆界，连年不决。

宽视事[1]，复来。宽窥二翁，形状非人，令卒持杖戟将入，问："汝等何精？"

翁走。宽呵格之，化为二蛇。

1. 视事：指官员上任，就职治事。

◎

荥阳人张福船行，还野水[1]边。

夜有一女子，容色甚美，自乘小船来投福，云："日暮，畏虎，不敢夜行。"福曰："汝何姓？作此轻行。无笠，雨驶，可入船就避雨。"因共相调，遂入就福船寝。以所乘小舟，系福船边。

三更许，雨晴，月照，福视妇人，乃是一大鼍枕臂而卧。福惊起，欲执之，遽[2]走入水。

向小舟是一枯槎段，长丈余。

1. 野水：野外的河流、溪流。

2. 遽：匆忙，仓促。

◎

丹阳道士谢非，往石城[1]买冶釜，还，日暮不及至家。山中庙舍于溪水上，入中宿，大声语曰："吾是天帝使者，停此宿。"犹畏人劫夺其釜，意苦搔搔不安。

二更中，有来至庙门者，呼曰："何铜！"铜应喏。曰："庙中有人气，是谁？"铜云："有人，言是天帝使者。"少顷便还。须臾又有来者，呼铜问之，如前。铜答如故。复叹息而去。

非惊扰不得眠，遂起，呼铜问之："先来者谁？"答言："是水边穴中白鼍。""汝是何等物？"答言："是庙北岩嵌中龟也。"非皆阴识之。

天明，便告居人言："此庙中无神，但是龟鼍之辈，徒费酒食祀之。急具锸来，共往伐之。"诸人亦颇疑之，于是并会伐掘，皆杀之。

遂坏庙，绝祀。自后安静。

1. 石城：县名，在今安徽池州。

◎

孔子厄于陈，弦歌于馆。中夜，有一人长九尺余，着皂衣高冠，大咤，声动左右。子贡进问：“何人耶？”便提子贡而挟之。子路引出，与战于庭。有顷，未胜。

孔子察之，见其甲车间[1]时时开如掌。孔子曰：“何不探其甲车，引而奋登？”子路引之，没手仆于地。乃是大鳀（tí）鱼也，长九尺余。

孔子曰：“此物也，何为来哉？吾闻物老，则群精依之。因衰而至此。此其来也，岂以吾遇厄绝粮，从者病乎？夫六畜之物，及龟蛇鱼鳖草木之属，久者神皆凭依，能为妖怪，故谓之五酉。五酉者，五行之方，皆有其物。酉者，老也。物老则为怪，杀之则已，夫何患焉？或者天之未丧斯文，以是系予之命乎！不然，何为至于斯也？”

弦歌不辍。子路烹之，其味滋。病者兴。明日，遂行。

1. 甲车间：铠甲和下巴之间。车：牙车，即下颌骨。

◎

豫章有一家，婢在灶下，忽有人长数寸，来灶间壁。婢误以履践之，杀一人。

须臾，遂有数百人，着衰麻服，持棺迎丧，凶仪[1]皆备。出东门，入园中覆船下。

视之，皆是鼠妇[2]。婢作汤灌杀，遂绝。

1. 凶仪：丧葬礼仪。凶：不吉利，指丧事。
2. 鼠妇：俗称“潮虫”。椭圆形，稍扁，表面灰色，有光泽，蜷曲时呈球形。喜欢生活在潮湿的缝隙中。

◎

狄希，中山人也，能造千日酒，饮之千日醉。

时有州人，姓刘，名玄石，好饮酒，往求之。希曰：“我酒发来未定，不敢饮君。”石曰：“纵未熟，且与一杯，得否？”希闻此语，不免饮之。复索，曰：“美哉！可更与之。”希曰：“且归。别日当来。只此一杯，可眠千日也。”

石别，似有怍色[1]。至家，醉死。家人不之疑，哭而葬之。

经三年，希曰：“玄石必应酒醒，宜往问之。”既往石家，语曰:“石在家否?”家人皆怪之,曰:“玄石亡来,服已阕[2]矣。”

希惊曰:“酒之美矣,而致醉眠千日,今合醒矣。”乃命其家人凿冢,破棺看之。

冢上汗气彻天。遂命发冢,方见开目,张口,引声而言曰:“快哉醉我也!”因问希曰:“尔作何物也?令我一杯大醉,今日方醒,日高几许?”

墓上人皆笑之。被石酒气冲入鼻中,亦各醉卧三月。

1. 怍色:惭愧的神色。
2. 阕:终,完毕。

◎

陈仲举[1]微时,常宿黄申家。

申妇方产,有扣申门者,家人咸不知。久久方闻屋里有人言:“宾堂下有人,不可进。”扣门者相告曰:“今当从后门往。”其人便往。有顷,还。

留者问之:“是何等?名为何?当与几岁?”往者曰:“男也,名为奴,当与十五岁。”“后应以何死?”答曰:“应以兵死。”

仲举告其家曰:“吾能相,此儿当以兵死。”父母惊之,寸刃不使得执也。至年十五，有置凿于梁上者，其末出。奴以为木也，自下钩之，凿从梁落，陷脑而死。

后仲举为豫章太守，故遣吏往饷之申家，并问奴所在。其家以此具告。仲举闻之，叹曰：“此谓命也。”

1. 陈仲举：即陈蕃，字仲举，东汉名臣。少年时，他曾说，大丈夫处世，当扫除天下，怎能只清扫一室。历任乐安、豫章太守，尚书令、光禄勋等。他刚正不阿，为政清廉，被士民所敬重。

卷二十

◎

晋魏郡[1]亢阳[2]，农夫祷于龙洞，得雨，将祭谢之。

孙登[3]见曰："此病龙雨，安能苏禾稼乎？如弗信，请嗅之。"水果腥秽。

龙时背生大疽，闻登言，变为一翁，求治，曰："疾痊，当有报。"

不数日，果大雨。见大石中裂开一井，其水湛然。龙盖穿此井以报也。

1. 魏郡：郡名，汉时置郡，治所在邺县。西晋时，魏郡统八县，仍治邺，故址在今河北临漳。
2. 亢阳：盛极之阳气。此指久晴不雨，旱灾。
3. 孙登：字公和，魏晋时隐士。《晋书》中说他独自一人在山中挖土洞居住，夏天编草做衣服，冬天披头发盖住身体。喜欢读《易经》，喜欢弹琴。性格温和，从不生气。

◎

苏易者，庐陵妇人，善看产。

夜忽为虎所取，行六七里，至大圹[1]，厝(cuò)[2]易置地，蹲而守。见有牝虎当产，不得解，匍匐欲死，辄仰视。

易怪之，乃为探出之，有三子。生毕，牝虎负易还，再三送野肉于门内。

1. 圹：墓穴。
2. 厝：放置，安置。

◎

哙参，养母至孝。

曾有玄鹤为弋人[1]所射，穷而归参。参收养，疗治其疮，愈而放之。后鹤夜到门外，参执烛视之，见鹤雌雄双至，各衔明珠以报参焉。

1. 弋人：射鸟的人。弋：系有绳子的箭。

◎

汉时弘农[1]杨宝，年九岁时，至华阴山北，见一黄雀，为鸱枭[2]所搏，坠于树下，为蝼蚁所困。宝见，愍之，取归置巾箱[3]中，食以黄花。百余日，毛羽成，朝去暮还。

一夕三更，宝读书未卧，有黄衣童子，向宝再拜曰：“我西王母使者，使蓬莱，不慎为鸱枭所搏。君仁爱见拯，实感盛德。”乃以白环四枚与宝曰：“令君子孙洁白，位登三事，当如此环。”

1. 弘农：弘农郡，西汉置，治所在今河南灵宝。弘农杨氏为其郡望族。
2. 鸱枭：古人对猫头鹰的称呼。
3. 巾箱：古时放置头巾的小箱子，也可以用来存放书卷、文件等。

◎

隋县溠(zhà)水[1]侧，有断蛇丘。隋侯出行，见大蛇被伤，中断，疑其灵异，使人以药封之，蛇乃能走，因号其处断蛇丘。

岁余，蛇衔明珠以报之。珠盈径寸，纯白，而夜有光，明如月之照，可以烛室。故谓之“隋侯珠”，亦曰“灵蛇珠”，又曰“明月珠”。

丘南有隋季良大夫池。

1. 溠水：今名扶恭河，源出湖北随州西北鸡鸣山。

◎

孔愉[1]，字敬康，会稽山阴人。元帝时以讨华轶[2]功，封侯。

愉少时尝经行余不亭，见笼龟于路者，愉买之，放于余不溪[3]中。龟中流左顾者数过。

及后，以功封余不亭侯，铸印，而龟钮左顾，三铸如初。印工以闻，愉乃悟其为龟之报，遂取佩焉。累迁尚书左仆射，赠车骑将军。

1. 孔愉：东晋名臣，出身官宦世家。西晋灭吴后，隐居于山中，五十岁时才踏入仕途。因为讨伐华轶的功劳，被封为余不亭侯。
2. 华轶：西晋末年大臣，年少时以才华闻名于世。初为博士，累迁散骑常侍。西晋末，民变四起，华轶有匡扶天下之心，但怀帝被俘后，仍不愿听从司马睿的命令。于是，司马睿派王敦等讨伐华轶，轶兵败被杀。
3. 余不溪：今浙江北部东苕溪的下游河段。

◎

古巢[1]一日江水暴涨，寻复故道。港有巨鱼，重万斤，三日乃死。合郡皆食之，一老姥独不食。

忽有老叟曰："此吾子也。不幸罹此祸，汝独不食，吾厚报汝。若东门石龟目赤，城当陷。"

姥日往视，有稚子讶之，姥以实告。稚子欺之，以朱傅龟目。

姥见，急出城。有青衣童子曰："吾龙之子。"乃引姥登山，而城陷为湖。

1. 古巢：指巢县，在今安徽巢湖。

◎

吴富阳县董昭之，尝乘船过钱塘江，中央见有一蚁，着一短芦，走一头，回复向一头，甚惶遽。

昭之曰："此畏死也。"欲取着船。船中人骂："此是毒螫物，不可长，我当蹹（tà）[1]杀之。"昭意甚怜此蚁，因以绳系芦着船。船至岸，蚁得出。

其夜梦一人，乌衣，从百许人来，谢云："仆是蚁中之王。不慎堕江，惭君济活。若有急难，当见告语。"

历十余年，时所在劫盗，昭之被横录为劫主，系狱余杭。昭之忽思蚁王梦，缓急当告，今何处告之？结念[2]之际，同被禁者问之，昭之具以实告。其人曰："但取两三蚁，着掌中，语之。"

昭之如其言。夜，果梦乌衣人云："可急投余杭山中，天下既乱，赦令不久也。"于是便觉。蚁啮械已尽，因得出狱。过江，投余杭山。旋遇赦，得免。

1. 蹹：同"蹋"，踩，践踏。
2. 结念：纠结。

◎

孙权时李信纯，襄阳纪南[1]人也。家养一狗，字曰黑龙，爱之尤甚，行坐相随，饮馔之间，皆分与食。

忽一日，于城外饮酒，大醉。归家不及，卧于草中。遇太守郑瑕出猎，见田草深，遣人纵火爇之。信纯卧处，恰当顺风。犬见火来，乃以口拽纯衣，纯亦不动。卧处比有一溪，相去三五十步，犬即奔往入水，湿身走来卧处，周回以身洒之，获免主人大难。犬运水困乏，致毙于侧。

俄尔信纯醒来，见犬已死，遍身毛湿，甚讶其事。睹火踪迹，因尔恸哭。

闻于太守。太守悯之曰:“犬之报恩，甚于人，人不知恩，岂如犬乎！”即命具棺椁衣衾葬之。

今纪南有义犬冢，高十余丈。

1. 纪南：即郢都，春秋战国时期楚国国都。因在纪山之南，也称“纪郢”。故城在今湖北荆州。

◎

太兴[1]中，吴民华隆养一快犬，号的尾，常将自随。

隆后至江边伐荻[2]，为大蛇盘绕，犬奋咋蛇，蛇死。隆僵仆无知，犬彷徨涕泣，走还舟，复反草中。

徒伴怪之，随往，见隆闷绝，将归家。犬为不食，比隆复苏，始食。

隆愈爱惜，同于亲戚。

1. 太兴：晋元帝司马睿年号，公元318—321年。
2. 荻：多年生草本植物，生长在水边，形似芦苇。秋天开浅色线状伞形花。茎可用于造纸，也可编席。

◎

庐陵太守太原庞企，字子及，自言其远祖不知几何世也，坐事系狱，而非其罪，不堪拷掠，自诬服之。

及狱将上，有蝼蛄[1]虫行其左右，乃谓之曰："使尔有神，能活我死，不当善乎？"因投饭与之。蝼蛄食饭尽，去顷复来，形体稍大。意每异之，乃复与食。如此去来，至数十日间，其大如豚。

及竟报，当行刑，蝼蛄夜掘壁根为大孔，乃破械，从之出。去久，时遇赦，得活。

于是庞氏世世常以四节祠祀之于都衢[2]处。后世稍怠，不能复特为馔，乃投祭祀之余以祀之，至今犹然。

1. 蝼蛄：一种昆虫，生活在泥土中，形似蟋蟀，昼伏夜出，吃农作物嫩茎。
2. 衢：即四通八达的大路。

◎

临川[1]东兴有人入山，得猿子，便将归。猿母自后逐至家。

此人缚猿子于庭中树上以示之。其母便搏颊向人欲乞哀，状直谓口不能言耳。此人既不能放，竟击杀之。猿母悲唤，自掷而死。此人破肠视之，寸寸断裂。

未半年，其家疫死，灭门。

1. 临川：郡名，三国时期吴国置，西晋移治临汝，在今江西抚州。

◎

冯乘[1]虞荡夜猎，见一大麈（zhǔ），射之。麈便云：“虞荡，汝射杀我耶？”

明晨，得一麈而入，实时荡死。

1. 冯乘：县名，西汉置，属交州苍梧郡。故城在今湖南江华瑶族自治县。

◎

吴郡海盐县北乡亭里，有士人陈甲，本下邳人。晋元帝时，寓居华亭[1]。

猎于东野大薮[2]，欻见大蛇，长六七丈，形如百斛船，玄黄五色，卧冈下。陈即射杀之，不敢说。

三年，与乡人共猎，至故见蛇处，语同行曰："昔在此杀大蛇。"

其夜梦见一人，乌衣黑帻，来至其家，问曰："我昔昏醉，汝无状杀我。我昔醉，不识汝面，故三年不相知。今日来就死。"

其人即惊觉。明日，腹痛而卒。

1. 华亭：古地名，在今上海松江。陆逊因功被孙权封为华亭侯，华亭因此得名。
2. 薮：湖泽，也指水少草木多的沼泽。

◎

qióng

邛都县[1]下有一老姥，家贫，孤独。每食，辄有小蛇，头上戴角，在床间。姥怜而饴[2]之。食后稍长大，遂长丈余。

令有骏马，蛇遂吸杀之，令因大忿恨，责姥出蛇。姥云："在床下。"令即掘地，愈深愈大，而无所见。

令又迁怒，杀姥。蛇乃感人以灵言，瞋[3]令："何杀我母？当为母报仇。"此后每夜辄闻若雷若风，四十许日。百姓相见，咸惊语："汝头那忽戴鱼？"

是夜，方四十里，与城一时俱陷为湖，土人谓之为陷湖。

唯姥宅无恙，讫今犹存。渔人采捕，必依止宿，每有风浪，辄居宅侧，恬静无他。风静水清，犹见城郭楼橹[4]畟(cè)然[5]。今水浅时，彼土人没水，取得旧木，坚贞光黑如漆。今好事人以为枕，相赠。

1. 邛都县：县名，西汉时置，属越巂郡，治所在今四川西昌。
2. 饴：一种麦芽做成的糖。这里活用作动词，意思是喂养。
3. 瞋：怒，生气。
4. 楼橹：古代军中用以瞭望的无顶高台。建于地面或车、船之上。
5. 畟然：清晰的样子。

◎

建业有妇人背生一瘤，大如数斗囊。中有物，如茧栗[1]，甚众，行即有声。

恒乞于市。自言："村妇也，常与姊姒(sì)[2]辈分养蚕。己独频年损耗，因窃其姒一囊茧焚之。顷之，背患此疮，渐成此瘤。以衣覆之，即气闭闷，常露之，乃可，而重如负囊。"

1. 茧栗：指瘤中有形状像蚕茧和栗子的东西。
2. 姒：妯娌中年长者称"姒"。

本书点校 | 胡怀琛先生(1886—1938)

诗人，作家，编辑，文史学者。安徽泾县人。

博学多识，笔耕不辍，曾任《神州日报》《中华民报》以及商务印书馆编辑，著有《大江集》《古书今读法》《修辞学要略》等，时人誉之为“旧文学的专家，新文学的巨子”。

# 作家榜®经典名著

★★★★★★★★

读 经 典 名 著，认 准 作 家 榜

作家榜是中国国民文化品牌，自 2006 年创立至今始终致力于“推广全球经典，促进全民阅读”，连续 13 年发布作家富豪榜系列榜单，成功将不同领域的写作者推向公众视野，引发海内外媒体对华语文学的空前关注。

旗下知名图书品牌“作家榜经典名著”，精选经典中的经典，由优秀诗人、作家、学者参与翻译，世界各地艺术家、插画师参与插图创作，策划发行了数百部有口皆碑、畅销全网的中外名著，帮助无数人爱上阅读。如今，“集齐作家榜经典名著”已成为越来越多阅读爱好者的共同心愿。

作家榜除了让经典名著图书在新一代读者中流行起来，2023 年还推出了备受青睐的“作家榜文创”系列产品，一举让经典名著 IP 融入到人们的日常生活中。作家榜品牌母公司大星文化，总部位于中国上海市。

---

策　　划｜作家榜®
出　　品｜

出 品 人｜吴怀尧
产品经理｜台梦雅　王正亚　桑云婷
版式设计｜陈　芮　董亚茹
全书绘图｜丝　鸣
封面制作｜张于吉
特约校对｜方其乐
特约印制｜朱　毓

版权所有｜大星文化
官方电话｜021-60839180

名著就读作家榜
抖音扫码关注我

作家榜官方微博
经典好书免费送

下载好芳法课堂
跟着王芳学知识

图书在版编目（CIP）数据

搜神记 /（晋）干宝著；何三坡译；胡怀琛点校
. -- 郑州：河南文艺出版社，2024.8
（作家榜经典名著）
ISBN 978-7-5559-1644-4
Ⅰ. ①搜… Ⅱ. ①干… ②何… ③胡… Ⅲ. ①《搜神记》Ⅳ. ① I242.1
中国版本图书馆 CIP 数据核字（2024）第 014984 号

图书出品：作家榜
责任编辑：田玉强
封面设计：作家榜
责任校对：殷现堂 梁晓 樊亚星

出版发行：河南文艺出版社
本社地址：郑州市郑东新区祥盛街 27 号 C 座 5 楼
承印单位：浙江新华数码印务有限公司
经销单位：河南省新华书店集团有限公司
纸张规格：889mm × 1194mm 1/32
印　　张：24.25
字　　数：427 千字
版　　次：2024 年 8 月第 1 版
印　　次：2024 年 8 月第 1 次印刷
定　　价：99.00 元